영어,
영화를 만나다

신명희 지음

성진미디어

영어, 영화를 만나다

저 자 | 신명희
발행인 | 채희선
발행처 | 성진미디어
발행일 | 2022년 03월 17일
등 록 | 제311-2010-23호

전 화 | 02)374-4363(대표)
팩 스 | 02)375-4362
주 소 | 서울시 은평구 증산동 248 중앙하이츠상가 B101호

ISBN 978-89-98308-50-6

값 18,000원

머리말

이 책의 첫 페이지를 넘기기 전에 여러분께 먼저 질문 하나 드리고 싶습니다. 지금까지 몇 년이나 영어 공부를 해 오셨나요? 6년? 10년? 아니면 10년 이상? 아마 이 세상에서 영어 공부만큼 가성비가 떨어지는 것이 또 있을까요?

이 책은 지금까지 제가 영어 공부를 하면서 흘렸던 땀방울과 강단에서 학생들에게 영어를 가르치면서 들였던 노력의 결과입니다. 그래서 오랜 시간 영어 공부를 했는데도 왠지 영어라면 자신이 없고 두려운 여러분들과 제 경험을 같이 나누고 싶어서, 여러분 앞에 〈영어, 영화를 만나다〉를 새로이 선보이게 됐습니다.

우리가 문법적으로 옳다고 생각하는 말들도 그 말이 사용되는 나라의 문화에 따라 다소 오해를 불러일으키는 때가 종종 발생합니다. 이러한 문화적 충격 현상을 최소화해서 보다 원활한 소통을 할 수 있도록 이 책에서는 우리가 일상생활에서 사용할 수 있는 12개의 주제를 영화 속 표현들과 함께 소개했습니다. 각각의 주제는 영화대사, 발음, 문화, 팝송으로 이루어져 독자 여러분들이 다양한 접근 방법으로 영어를 만날 수 있도록 구성 했습니다.

절대 뛰거나 급하게 서두르지 마시고 한 장 한 장 조금씩 그리고 천천히 익히며, 생동감 넘치며 살아있는 영어 표현에 호흡을 맞추고, 여러분의 입과 귀가 매일 매일 영어에 익숙해진다면 영어와 친해지게 되어 유창하게 구사할 수 있는 날은 반드시 올 것입니다.

독자 여러분의 멋진 성공을 응원합니다!!

봄이 오는 소리를 들으며

저자 신명희

저자 : 신명희

저자는 한국외국어대학교에서 영어학 박사학위를 받고, 현재 한남대학교에서 교수로 재직 중이다. 국내외 권위 있는 여러 학술지에서 우수 논문상을 수상했으며, 보다 실용적이고 효율적인 교수학습법에 관한 연구에 매진하고 있다. 주요 저서로는『네이티브처럼 말하기』,『영화로 배우는 영어와 문화』,『GRAB YOUR CHANCE』,『팝송과 영화로 배우는 영어와 문화』,『영국문화의 이해』,『라틴팝으로 배우는 영어랑 스페인어』 등이 있으며, 학생들과 끊임없이 소통하면서 그들의 행복한 삶의 마중물이 되고자 즐거운 만남을 이어가고 있다.

contents

01 Small Talk

Key expression

All bets are off.
(나쁜 일은 다 씻어 내고 좋은 일이 일어나게 해주지요)
You have his eyes.
(그와 눈이 닮았어요)
But okay if we take a rain check?
(그런데 다음으로 미뤄도 될까요?)

- Small talk

Small talk is an informal type of discourse that does not cover any functional topics of conversation or any transactions that need to be addressed.

누군가와 처음 만났을 때 어색한 분위기를 누그러뜨리는 가벼운 대화를 말한다. 서양문화에서는 모르는 사람이어도 거리에서, 엘리베이터 안에서, 카페 등에서 눈이 마주치면 'Hi ~' 인사를 하고 날씨와 같은 사소한 주제로 가벼운 대화를 하는데 이것을 〈Small Talk〉이라고 한다.

첫 만남이나 비즈니스를 위한 미팅과 같은 딱딱하고 어색한 분위기에서 〈Small Talk〉은 대화 시작을 부드럽게 만들어 줄 수 있는 마법이다.

Small talk 1 어떤 주제를 말할까? (What will we talk about?)

1 날씨 (Weather)

Beautiful day, isn't it?

(아름다운 날이죠?)

It's a nice day for a walk since the wind is cool.

(바람이 서늘하니 산책하기 좋은 날이네요)

Is it a bit nippy? (약간 쌀쌀하지요?)

It's freezing outside. (밖은 엄청 추워요)

It is burning up out here. (여기 밖은 완전 더워).

2 칭찬 (Compliments)

You look sharp today? (너 멋지다!)

Your shirt suits you well. (셔츠가 잘 어울리세요)

You are awesome today! (오늘 최고야!)

I love your hairstyle. (헤어스타일 예뻐요)

3 스포츠 (Sports)

Heavy snow reminds me skiing.

(눈이 많이 온 걸 보니, 스키 타러 가고 싶네요)

Do you have any favorite winter sports?

(겨울 스포츠 즐기는 거 있으세요?)

Did you watch the soccer game, last night?

(어젯밤 축구경기 보셨나요?)

What sport do you like to watch?

(어떤 스포츠 관람을 좋아 하세요?)

What is your favorite team?

(가장 좋아하는 팀은 어디인가요?)

4 영화 (Movie)

This movie's based on a novel of the same title.

(이 영화는 동명의 소설이 원작이에요)

This film is based on a true story.

(이 영화는 실화를 바탕으로 만들어졌어요)

My favorite actor played a supporting role in the film.

(제가 가장 좋아하는 배우가 그 영화에서 조연을 맡았어요)

What's the best movie in theaters right now?

(요즘 가장 볼만한 영화가 뭐에요?)

I heard so many good movies are out now these days.

(요즘 좋은 영화가 많이 나와 있다고 들었어요)

What is your favorite team?

(가장 좋아하는 팀은 어디인가요?)

5 음식 (Food), 카페 (Cafe), 식당 (Restaurant)

This cafe has really cool vibes!

(이 카페 분위기 정말 좋다!)

Do you want to grab some food?

(뭐 좀 먹으러 갈래?)

Are you up for some tea?

(차 드실래요?)

I'm getting hangry.

(배가 고파서 점점 화가 나요)

Would you recommend a good restaurant around here?

(근처에 좋은 식당 추천해주실래요?)

Do you come here often?

(여기에 자주 오세요?)

6 연예계 소식 (Entertainment News)

BTS concert last night was super good!

(어젯밤 BTS공연 최고였어!)

Actors peacocked for the Grammy Awards.

(배우들이 그래미시상식에 엄청 꾸미고 왔어)

Julia Roberts looks better in person.

(줄리아 로버츠는 실물이 훨씬 나아요)

The main actor in the drama is always playing hard to get.

(드라마 주인공은항상 밀당하잖아)

Do you come here often? (여기에 자주 오세요?)

Small talk 2 적합하지 않은 주제(What shouldn't we talk about?)

1 Religion, politics

종교나 정치에 관한 주제는 민감하며 지극히 개인적이므로 피한다. 개인중심의 사고방식은 다른 사람이 누리는 개인의 권리와 의무,그리고 타인의 평등성도 보장하는데 의의를 두고 있으므로 어떠한 경우라도 존중해줘야 한다.

2 Personal information

나이를 묻는다든가? 월급이 얼마인지? 살이 쪘다, 혹은 빠졌다, 누구랑 사는지? 어디 사는지? 어디 가는지? 왜 결혼 안했는지? 등에 관한 개인적 질문은 피한다. 단순한 질문 같아 보여도 누군가에게는 심각함을 초래할 수도 있다.

3 Negative comments

부정적인 지적이나 언급은 Small Talk 주제로는 적절하지 않다. 농담이라도 상대에게 협오감 불쾌감을 줄 수 있는 민감한 것들은 피하는 것이 좋다

♣ 안부를 물을 때 쓰는 표현

1) 안부인사

☞ How are you ? (어떻게 지내세요?) (안녕하세요?)

= How are you doing?

= How is it going?

= How is everything?

= What's new?

= What's up?

= What are you up to these days?

How have you been?

(안녕하세요?, 요즘 어떻게 지내세요?)

☞ 대답하기 (Proper Answer)
잘 지내는 정도에 따라

Quite well (너무 좋아요)

= Couldn't be better (이보다 더 좋을 순 없어요)

Pretty good (아주 좋아요)

Fine (좋아요)

Can't complain (별일 없이 잘 지내)

So so (그저 그래요)

Not too bad (나쁘진 않아요)

Same as usual (평소랑 같아요)

Nothing special (별일 없어요)

I'm in a bad mood (기분이 나빠요)

2) 처음 만나서 나누는 인사

Nice to see you
(만나서 반가워요)

= It's good to see you in person
(직접 만나서 반가워요)

= It's great to put a face to the name
(이름만 들었는데 만나뵈서 너무 좋아요)

You must be Ryan (라이언 맞지요?)

I've heard a lot of you

(말씀 많이 들었어요)

Everyone speaks highly of you

(모두가 좋은 평을 하더군요)

Episode 1. All bets are off

(영화 로맨틱 할리데이, The Holiday 중에서)

- All bets are off

Iris: I'm so sorry. (너무 미안해요)

I'm new at the gate thing. (이 현관문이 저는 낯설어요)

Miles: It's okay. It was pretty funny. (괜찮아요. 재미있었어요)

I'm Miles. I work with Ethan. (저는 마일즈에요. 이든과 함께 일해요)

Iris: Ethan? (이든?)

Miles: Amanda's ex. (아만다의 전..)

Iris: Right. (맞아요)

Miles: Know when she'll be back?

(언제 돌아오는지 아세요?)

Iris: Supposed to pick up things. (가져가기로 한 것 있어서요)

Amanda's in England. Actually on holiday.

(아만다는 영국에 있어요, 휴가차)

I'm staying here while she's away.

(그녀가 없는 동안 내가 여기에 머무르고 있어요)

Yeah something just blew into my eye.

(네, 방금 제 눈에 뭔가가 들어 갔어요)

Miles: Oh, I hate that. Let me see. (헐 ~~ 어디 봐요)

Yep, you got something in your eyelash.

(네, 속눈썹에 무언가가 있어요)

You want me to get it? (제가 빼드릴가요?)

Iris: Okay. Thanks. (네. 고마워요)

Miles: Yeah, Santa Anas. (네, 산타 아나스)

Iris: Pardon? (뭐라고요?)

Miles: The wind. It's what makes it so warm this time of year.

(바람. 해마다 이맘때를 이렇게 따뜻하게 만드는 이유지요)

Miles: Legend has it. (전설에 의하면)

When the Santa Anas blow, all bets are off. (산타아나스가 불면 나쁜 일은 다 씻어 내고 좋은 일이 일어나게 해주지요)

Iris: Anything can happen. (무슨 일이든 일어날 수 있어요)

Miles: That's it. You okay? (됐어요. 괜찮으세요?)

Iris: Better. Thank you. (나아졌어요. 고마워요)

So, you needed to... (그래서, 당신이 뭐가 필요하셨죠?)

Miles: Pick up Ethan's laptop. (이든의 노트북을 가지러 왔어요)

♣ 표현 익히기

* Amanda's ex: ex는 이전의, 예전의 의미를 가지고 있다.

예) ex-girlfriend (전 여자친구). ex-boyfriend (전 남자친구).

* Know when she'll be back?: Do you know when she'll be back?에서 Do you를 줄여서 표현

♧ Do you know 간접의문문:

원래 의문사로 시작하는 의문문은 의문사 + 동사 + 주어?
When will she be back?

▶ Do you know로 시작하는 간접의문문:

Do you know 의문사 + 주어 + 동사?
when she will be back?

* pick up: 맡기거나 두고 온 것을 찾다.

* blew into: 날아 들어가다, 입김을 불어넣다.

* legend has it: 전설에 의하면

= rumor has it (소문에 따르면)

* all bets are off: 계획이 무효가 되다, 모두 백지화되다

* anything can happen: 무슨 일이든 일어날 수 있다.

* laptop: 휴대용[노트북] 컴퓨터

♧ desktop: 탁상용 컴퓨터

Episode 2. You have his eyes

(영화 미세스다웃화이어, Mrs. Doubtfire 중에서)

- You have his eyes

Daniel: God! Oh! Good evening dear? (오! 안녕하세요?)

Bus driver: Evening ma'am, cold night isn't it?

(좋은 저녁이에요. 부인, 추운 밤이죠?)

Daniel: Yes it is! (네 그렇지요!)

Bus driver: Hope to have something nice and warm to go home to. (집에 가셔서 뭔가를 드시기 바래요.)

Daniel: My back. If I find the misogynistic bastard that invented heels, I'll kill him, God. (내 등. 힐을 발명한 여성혐오자를 찾으면 가만두지 않겠어, 맙소사.)

Mrs. Sellner: Excuse me. (실례합니다)

Daniel: Mrs. Sellner. (셀너 부인)

Mrs Sellner: Have we met? (우리 만난 적 있나요?)

Daniel: No. But Danny told me all about you.

(아뇨. 하지만 대니가 당신에 대해 다 말했어요.)

I'm his sister. His... much older sister.

(난 대니 누나에요. 그의 훨씬 위 누나)

Mrs Sellner: You have his eyes. (대니와 눈이 닮았어요)

Daniel: Only if he fills out a donor card.

(그가 기증자 카드를 작성해야만.)

Mrs Sellner: Is Mr Hillard in? I have an appointment.

(힐라드씨 안에 있나요? 약속 했어요.)

Daniel: Do you? Oh, that's wonderful.

(그러셨어요?, 오, 잘하셨네요)

Let me go up and get him and he'll be right down.

(제가 올라가서 부를게요. 그러면 곧장 내려올겁니다.)

Mrs Sellner: I'll come with you. (저랑 같이 올라가요)

Daniel: No. (안돼요)

Mrs Sellner: Yes. (돼요)

Daniel: Why? (왜요?)

Mrs Sellner: Because I have an appointment on Monday and Friday evenings to check the apartment. (왜냐면 제가 월요일과 금요일 저녁에 아파트 점검하겠다고 약속했거든요.)

Daniel: I remember him saying something about that.

(그가 그것에 대해 뭔가를 말한 것이 기억나네요)

Are you sure, you want to walk in dear?

(진짜 같이 가실거죠?)

It's three floors, hoofing it all the way.

(3층인데, 거기까지 내내 쭉 올라가야 해요.)

Mrs Sellner: If you can do it, I can.

(당신이 할 수 있으면 나도 할 수 있어요)

Daniel: I'll bet so! (당연히 할 수 있지요)

Is your ticker all right? (당신도 괜찮으시죠?)

Mrs Sellner: Topnotch (최고에요).

♣ 표현 익히기

* Cold night, isn't it?

부가의문문: 부가의문문은 자신이 의견에 대한 상대방의 생각을 묻거나 확인, 동의를 구할 목적으로 사용한다.

문법적으로도 중요하지만 일상 대화에서 많이 사용되므로 알아두세요.

(1) '(조)동사+주어?'의 형태로 만든다.

(2) 긍정문 뒤에는 부정으로, 부정문 뒤에는 긍정으로 만든다.

(3) 문장의 동사가 be 동사, 조동사일 때는 그대로 쓰고, 일반동사 일 때 'do, does, did'를 사용한다.

예) A: Agnes is a singer, isn't she?

B: Yes, she is. / No, she isn't.

* hope to have something nice and warm.

hope to: wish to: 꼭 ~하길 바란다.

something nice and warm: something, somebody 등은 형용사가 앞이 아닌 뒤에서 수식한다. 예) something cold

* misogynistic bastard - 여자를 혐오하는 사람

▸ misogynistic [mɪsɒdʒɪnɪstɪk]: 여성 혐오증의

▸ bastard: 녀석

* told me all about: ~에 관해 나에게 모두 말했다.

♣ Talk과 Speak

말을 하는 행동

의미: ~에게 말하다.

1) Talk: 쌍방향 소통, 대화/친한 사람과 가벼운 내용의 얘기

예) They talk about John's duty. (그들은 존의 업무에 관해 말했다)

2) Speak: 한 방향 소통, 말하는 사람에게 초점/언어를 구사하다

Talk 보다 격식을 차린 표현

♣ **Tell과 Say**

말하는 내용

1) Tell: ~에게 이야기를 들려주다. ~에게 정보를 알려주다

사람과 내용 둘 다 목적어로 갖는다.

예) Tell me something (나에게 뭔가 말해봐)

2) Say: 단어를 이용해 입으로 말하다의 의미

혹은 누군가의 말을 옮길 때 사용

말하고자 하는 내용이 뒤에 온다.

예) Say you, say me (너에게 말해, 나에게 말해)

She said 'hi' to him. (그녀는 그에게 '안녕'이라고 말했다)

* have we met? 만난 적 있었나요? 현재완료(have + P.P)로 표현한다.

before나 by chance를 넣어서도 많이 사용한다.

Have we met before?

예) Do I know you? (저 아세요)

Have we met before? (우리 전에 만난적 있나요)

* much older: 비교급은 very가 아닌 much로 강조.

* Hoofing: hoof: 발굽, 걷다

예) I'm hoofing it (도보여행하다)

* I'll bet so: bet은 돈을 건다의 의미이지만 뭔가를 확신한다, 당연하다, 왜 안그렇겠어 의미로 사용된다.

예) Never seen you dance, but I bet you are good.

(춤추는 것은 못봤지만, 넌 당연히 잘 출거야)

* ticker: (사람의) 심장

예) Is your ticker all right? (당신 심장도 괜찮으시죠?)

* Topnotch: 최고의, 아주 뛰어난

예) You should know my performance isn't top notch yet.

(넌 내 연기가 아직 최고가 아니란 걸 알아야 해.)

Episode 3. But okay if we take a rain check?

(영화 인턴, Intern 중에서)

- But okay if we take a rain check?

Petty: I swear I don't even know what language that was.

(맹세코 뭔 말인지 모르겠어요)

What are you doing tonight, Ben? A frozen lasagna?

(오늘 밤에 뭐해요. 벤? 냉동 라자냐?)

Ben: Well... (글쎄요)

Petty: I could make a little salad, turn it into a dinner for two, like we did that time and never did again. (둘이서 먹을 수 있게 샐러드를 좀 만들 수 있어요. 저번에 그랬던 것처럼 말이에요. 근데 이후로는 없었지만)

You know that was over five months ago?

(그게 5개월도 더 된 거 알아요?)

Ben: Oh, yeah. No, no, we gotta do that again, for sure, but okay if we take a rain check? (그래요. 또 한 번 식사 해야죠 물론... 그런데 다음으로 미뤄도 될까요?)

Petty: You're awful cute, you know that? (당신 너무 매력적이야~ 알고 있나요?)

Ben: No, I didn't. (아니요, 몰랐는데요)

Petty: Well, it's true, you are. (진짜 매력적이에요)

So I'll see you. (그럼 또 만나요)

Don't take too long, doll. (너무 오래 걸리진 말구요 귀염이)

You're not getting any younger. (젊음은 영원하지 않아요)

Ben: I know, I know, I know. (알아요)

Petty: All right. (알았어요)

♣ 표현 익히기

* swear: 맹세하다, 단언하다.

* What are you doing tonight, Ben? (오늘 밤에 뭐해요. 벤?)

* frozen: 냉동된 예) frozen food (냉동식품)

* turn (from A) into B: A를 B로 바꾸다

  예) turn it into a dinner for two (그것을 2인분 저녁식사로 바꾸다)

* over : 초과하다. 넘다

  예) over five months ago: 5개월이 넘은

* gotta: have got to나 have got a를 비격식으로 쓴 형태

예) We gotta do that again (우리 다시 해야지요)

I gotta go (가야해요)

* take a rain check: 다음으로 미루다.

♣ **Rain check란** 비가 심하게 와서 야구 경기가 취소되었을 때 관람을 왔던 관중들에게 추가 비용 없이 다음 경기를 관람할 수 있도록 나누어 준 티켓에서 유래가 되어 다음으로 미룸의 표현으로 사용.

* awful: (비격식으로) 굉장히

* cute: 귀여운, 매력적인

비교) cutie: 귀여운 사람

예) You are cute. (당신은 귀여워요)

She's a real cutie. (그녀는 정말로 이쁜 여자애야)

* Don't take too long: 너무 오래 걸리지 않으면 좋겠다.

▸ take: 시간의 소요를 나타낸다.

예) How long does it take to the airport?

(공항까지 얼마나 걸리나요?)

▸ too: 너무 지나친 ~의 부정적 의미를 갖는다.

예) The shirt is too big

(셔츠가 너무 크다: 너무 커서 못 입을 지경이다)

비교) The shirt is big enough (셔츠가 충분히 크다: 넉넉히 크다)

* Not any younger: 더 이상 젊지 않다. 살 날도 얼마 남지 않았다.

♣ 영화 속 문화 엿보기

미국 대통령들은 신앙과 관계없이 그들의 최고로 영예로운 취임식에서 성경에 손을 얹고 선서하는 모습을 볼 수 있다. 특히 좋아하는 성경구절이 있는 곳을 펼쳐서 거기에 손을 얹고 선서하는 것을 좋아한다. 미국의 초대 대통령 조지 워싱턴(George Washington)은 취임식에서 창세기 49장과 50장을 펼쳐놓고 선서했다

그러나 꼭 항상 그런 것은 아니다. 존 퀸시 애덤스(John Quincy Adams)는 법전에 손을 얹고 선서했다. 루즈벨트 대통령은 윌리엄 맥킨리(William McKinley) 대통령의 암살로 서둘러 대통령 선서를 해야해서 미처 성경을 준비하지 못해서 성경없이 선서했다.

헌법이 미국 대통령들에게 취임 선서를 하도록 의무화하고 있지만, 성경책과 같이 특정한 책에 손을 얹고 선서하도록 요구하는 규칙은 없다. 그럼에도 불구하고 미국 대통령 취임식에서 대부분 성경을 사용하여 선서해 왔다.

(출처 : http://www.bonhd.net)

• Flapped 't'

'Water'를 어떻게 발음할까? '워러' 혹은 '워터'?

영국식 발음과 미국식 발음은 많이 다르다.

'워러'라고 발음 한다면 미국 영어의 Flapping 현상을 이해하면 좋다.

강모음과 약모음 사이의 't'는 Flapped 't'로 하나의 음성기호 /t/임에도 불구하고, 't'가 [ㅌ]가 아닌 [ㄹ]과 비슷하게 발음되는 현상을 의미한다.

't'뿐만 아니라 'd'도 같은 Flap 현상이 있다.

Flapping 현상은 영국 영어에는 없고 미국 영어에만 존재하는 현상이다.

강모음 + /t/, /tt/, /d/, /dd/, /rd/, /rt/, /dt/ + 약모음(반모음 y,w 포함) 일 때 't'가 [ㄹ] 소리가 난다고 보면 된다.

Flap 't'

party[파리], water[워러], native[네이립], latter[래러], butter[버러] meeting[미링], pretty[프리리],

Flap 'd'

daddy[대리], somebody[썸바리], model[마를], modern[마런], lady[레이리]

자~ 유의해서 발음해 볼까요

water [wɔ́:tər, wɑ́tər]

Italy [ítəli]

Ottawa [ɑ́təwə]

native [néitiv]

meter [mí:tər]

• Small Talk

- The Real Group -

Hello it's good to see you again

안녕 다시 만나 반가워

What have you been doing lately tell me now

최근 뭐 하며 지냈어 나한테 말해줘

Same as always

항상 똑같지

I can't believe the way time files

시간이 흘러가는 게 믿기지 않아

It must have been a million years ago

시간 너무 빨라 백만년은 지난 것같아

Really?

정말?

Tell me. Is life treating you well

말해봐 잘 살고 있었어?

Could be worse I can't complain and how about you

그럭저럭 그렇지만 불평해선 안되겠지 너는?

When it rains it pours

엎친 데 덮친 격이야

You haven't changed at all

너 바뀐 게 하나도 없구나

Small talk is all talk you ever need if to succeed today

소소한 이야기, 오늘을 잘 살기위해

당신에게 필요한 이야기

Meeting means a lot of greeting

만남이란 수많은 인사를 뜻하지

Greeting means a lot of talking

인사란 수많은 대화를 뜻해

Talking doesn't always mean you're thinking

이야기를 한다는 것이 항상 당신이 생각을 하고 있는 것을 뜻하지는 않지.

Still we love those empty words

하지만 우린 여전히 이런 빈 말들을 사랑해

What a day so nice and warm don't you think

오늘 너무 좋고 따스한 날이다. 그렇지 않아?

I've been told we'll get some rain this afternoon

오늘 오후엔 비가 올 거라던데

It's time for me to go

이제 가야겠다.

But have you heard the latest news that you know who

아 참 그 친구에 관한 최근 소식 들었어?

Did you know what with you know who you don't say

그 사람 그랬다는 거 알고 있었어?

You look fine. What's new, How is life

너 좋아 보인다. 요즘 어떻게 지내??

Pretty good and how's your car your kids and wife

잘 지내, 차는? 아이는? 아내는?

Not too bad and you

나쁘지 않아. 너는?

I really have to go now

아 가봐야겠다

Small Talk is all talk you ever need if to succeed today

소소한 이야기, 오늘을 잘 살기 위해 당신에게 필요한 모든 이야기

Meeting means a lot of greeting

만남이란 수많은 인사를 뜻하지

Greeting means a lot of talking

인사란 수많은 대화를 뜻해

Talking doesn't always mean you're thinking

이야기를 한다는 것이 항상 당신이 생각을 하고 있는 것을 뜻하지는 않지.

Still we love those empty words

하지만 우린 여전히 이런 빈 말들을 사랑해

We use the same familiar phrases over and over again

우린 비슷한 문구들을 계속해서 반복해서 써먹지

And over and over again

계속해서 반복해서

02 Manners

Key expression

Manners maketh man.
(예절이 사람을 만든다)
Elbow's off the table
(팔꿈치를 테이블에서 내리세요)
The best reason to carry a handkerchief is to lend it.
(손수건을 가지고 다니는 가장 큰 이유는 빌려주기 위해서야)

- Etiquette; What the world think about (에티켓; 세상이 어떻게 생각하는지)

Smile(미소)

One of the qualities that sets us most apart is how often we smile—even at strangers. 우리를 가장 돋보이게 하는 특성 중 하나는 낯선 사람에게도 얼마나 자주 미소를 짓는가이다.

Eye Contact (아이 컨택)

Eye contact is a form of nonverbal communication and can have a large influence on social behavior. In the United States and Europe, it is considered polite to make eye contact while talking to the other person.

아이컨택은 비언어적 의사소통의 한 형태이고 사회적 행동에 큰 영향을 미칠 수 있다. 미국이나 유럽에서는 상대편과 대화를 하면서 시선을 마주치는 것을 예의라고 생각 한다.

Episode 4. Manners maketh man

(영화 킹스맨 시크릿에이전, Kingsman: the Secret Agent 중에서)

- **Manners maketh man**

Poodle: After you nicked his car... Dean says you're fair game.

(니가 네가 그의 차를 훔쳐간 후에... 딘 말로는 네가 공정한 게임이라던데)

He doesn't give a shit what your mum says.

(네 엄마가 뭐라고 하든 그는 신경도 안 써)

Harry: Listen, boys... (잘 들어, 얘들아)

I've had a rather emotional day...

(다소 유감스런 날이었어)

so whatever your beef with Eggsy is,

(그래서 에그시에 대한 불만이 뭐든 간에)

and I'm sure it's well-founded...

(분명히 근거가 있어)

I'd appreciate it enormously...

(내가 대단히 고마워할)

if you could just leave us in peace...

(만약 우리를 편히 둔다면)

until I finish this lovely pint of Guinness.

(내가 이 멋진 기네스 한 잔을 마칠 때까지)

Boy: You should get out of the way, Granddad,

(비키시죠, 할아버지)

or you'll get hurt and all.

(그렇지 않으면 다 다쳐요.)

Eggsy: He ain't joking. You should go.

(저애 쟤 농담하는 거 아니에요. 가셔야 해요)

Harry: Excuse me.

(실례합니다)

Boy: If you're looking for another rent boy,

(다른 남창을 찾고 있다면)

they're on the corner of Smith Street.

(Smith Street 모퉁이에 있어요)

Harry: Manners.. maketh...man.

(매너가 사람을 만든다)

Do you know what that means?

(그게 무슨 뜻인지 알고 싶어요?)

Then let me teach you a lesson.

(그렇다면 내가 알려주지)

Harry: Are we going to stand around here all day,

(하루 종일 하루종일 여기 서 있을 거야?)

or are we going to fight?

(그렇지 않으면 싸울까?)

Boy: You fucking dirty, fucking dirty...

(이 더러운 놈아, 더러운 놈아)

Harry: Sorry about that.

(미안해)

Needed to let off a little steam.

(열 좀 식힐 필요가 있어서)

I heard yesterday a friend of mine died.

(내 친구가 죽었다고 어제 들었거든)

He knew your father too, actually.

(그 친구가 사실은 니네 아버지도 알지)

Now, I do apologize, Eggsy.

(에그시 내가 지금 사과할게)

I shouldn't have done this in front of you.

(네 앞에서 이러지 말았어야 했어)

Eggsy: No, please!

(아니에요)

I won't say nothing, I swear!

(아무 말도 안 할거에요, 맹세할게요!)

If there's one thing I can do, it keeps my mouth shut.

(내가 할 수 있는 일이 하나 있다면, 그건 내 입을 다무는거예요)

Harry: You won't tell a soul?

(아무한테도 말 안 할 거야?)

Eggsy: Ask the feds. I've never grassed anyone up.

(연방정부에 물어보세요. 난 누구도 밀고한 적이 없어요)

Harry: Is that a promise?

(약속할 수 있어?)

Eggsy: On my life! (목숨 걸고)

♣ 표현 익히기

* nick: 칼로 자국을 내다. 슬쩍 훔쳐가다.

예) Who nicked my purse? (누가 내 지갑을 훔쳤어?)

* Don't give a shit: 신경 1도 안쓰다.

= I don't care about it at all.

* emotional day: 감정적인 날 (유감스런 날), 뭔가가 못마땅한 날
* leave: 남기다. 두다.

예) Why didn't you leave me any food? (왜 내 음식은 안 남겼어?)

* in peace: 편안히, 안심하여
* pint: 액량. 미국에서는 0.473리터. 영국에서는 0.568리터

예) Do you want to go for a pint this evening? (오늘 저녁에 맥주 한잔하러 갈까?)

* get out of the way: 피하다, 비키다.
* get hurt : 다치다
* ain't : 1. am not/is not/are not의 축약형

2. has not/have not의 축약형

* manners: 예의, 예절
* maketh: 영어 동사의 3인칭을 나타내는 e, es가 고어에서는 th, eth
* Do you know what that means? 간접의문문

비교) What does that mean? 직접의문문

* let: ~하게 두다

let + 목적어 + 동사원형: 목적어가 동사하게 하다

예) Let me teach (내가 가르쳐 줄게)

* off: 끄다

* a friend of mine: 내 친구 중 한명

♧ 왜 a my friend는 사용하면 안 되고 대신 a friend of mine을 쓸까요?

a와 my는 같은 한정사이기 때문에 두 개를 나란히 동시에 사용할 수 없다.

그래서 a friend of mine과 같은 이중소유격 형태를 쓴다.

* apologize: 사과하다

♧ sorry for와 apologize for 비교

▶ sorry for: 1) 미안해요,

2) 다른 사람의 안타까운 일에 대한 유감

3) 미안하지만 책임은 안진다는 의미

▶ apologize for: 격식 있는 상황에서는 사용

sorry는 형용사인 반면 apologize는 동사

가볍게 'my appologize'하면 '미안해'

* should have p.p: ~ 했어야 했는데, 하지 못했다. 보통 현재 말하는 시점에서 과거 사실에 대한 후회나 유감을 나타낸다.

예) You should have studied math harder.

(수학을 더 열심히 했어야 했다)

: shouldn't have p.p: ~하지 말았어야 했다.

예) I shouldn't come there. (거기 가지 말아야 했어)

* won't: will not의 축약형 (의지를 나타내는 말로 ~ 하지 않을 것 이다)

예) the door won't open (문이 안 열릴 거야)

* tell a soul: 영혼에게 말하다.

won't tell a soul: 아무한테도 말 안 할 거야

* grass up : 밀고하다, 일러바치다.

* promise: 약속

♧ promise, appointment, plan

1) promise

한쪽이 상대방에게 하는 '약속', '다짐'의 의미이다.

지켜지지 않을 수도 있다는 것을 전제로 한다.

예) Please promise not to tell on me.

(고자질하지 안하겠다고 약속해)

2) appointment

병원, 미용실, 헬스장, 피부관리샵 '예약' 등과 같이 전문직에 종사하는 사람과의 약속을 의미한다

예) I have an appointment with my doctor.

(병원 예약있어요)

3) plan

우리가 보통 일반적으로 사용하는 약속의 의미이다.

예) I have a plan after work.

(나 퇴근후에 약속 있어요)

* on my life: 목숨을 걸고, 맹세코

Episode 5. Elbow's off the table

(영화 귀여운 여인, Pretty Woman 중에서)

- Elbow's off the table

Vivian: I've got a little problem.

(저 문제가 좀 있어요)

Mr. Thompson: All right, one more time.

Dinner napkin.

(좋아요, 한 번 더) (디너 냅킨)

Vivian: Dinner napkin,

laid gently in the lap.

(디너 냅킨은 얌전히 무릎에 놓고)

Mr. Thomas: Good. Elbows off the table.

(좋아요, 식탁에서 팔꿈치를 내리세요)

Vivian: Don't slouch.

(어깨 좀 펴고)

Mr. Thompson: Shrimp fork. (새우 용 포크)

Salad fork. (샐러드 용 포크)

Dinner fork. (저녁식사 용 포크)

Vivian: I have the salad fork.

(샐러드 용 포크)

Mr. Thompson: The rest of the silverware is a little confusing.

(나머지 은식기들은 좀 헷갈려요)

If you get nervous, just count the tines.

(만약 긴장되면 갈래를 세어보세요)

Four tines, dinner fork.

(네 개는 디너 포크)

And sometimes there are three tines. The salad fork.

(때때로 갈래가 세 개인 것은 샐러드 포크)

And sometimes...

(그리고 때때로)

Mr. Thompson: Pardon me, Mr. Lewis. I'm Mr. Thompson, the manager of the hotel.

(실례합니다, 루이스씨. 저는 톰슨, 이 호텔의 메니저입니다)

Mr. Lewis: Excuse me. I want to make one call.

(실례합니다. 전화 한 통 할게요)

Mr. Thompson: I have a message for you.

(루이스씨 한테 온 메시지가 있어요)

Mr. Lewis: From who? (누구한테서?)

Mr. Thompson: From your niece, sir.

(조카 분으로 부터요)

Mr. Lewis: My what?

(누구요?)

Mr. Thompson: The young lady who's staying with you, sir.

(함께 머물고 계신 여자 분 말씀입니다)

Mr. Lewis: We both know she's not my niece.

(제 조카가 아니라는 걸 우리 둘 다 알텐데요)

Mr. Thompson: Of course.

(물론이지요)

Mr. Lewis: The reason I know that is that I am an only child.

(저는 외동이잖아요)

Mr. Thompson: Yes, sir.

(네)

Mr. Lewis: What's the message?

(메세지가 뭐죠?)

Mr. Thompson: She's waiting in the lounge.

(라운지에서 기다리고 계십니다)

Intriguing young lady, Miss Vivian.

(아주 흥미로운 여성분 미스 비비안)

Mr. Lewis: Intriguing. (흥미로운)

Mr. Thompson: Have a good evening, sir.

(좋은 저녁 보내세요)

Mr. Lewis: Thank you, Mr... (고마워요)

Mr. Thompson: Thompson. I'm the...

...manager of the hotel, sir.

(톰슨, 호텔 메니저)

Vivian: You're late.

(늦으셨네요)

Mr. Lewis: You're stunning.

(당신 멋져요)

Vivian: You're forgiven.

(용서해 줄게요)

Mr. Lewis: Shall we go to dinner?

(저녁 먹으러 가실까요?)

Waiter: This way, Mr. Lewis.

(이쪽입니다 루이스씨)

Your party's waiting.

(일행이 기다리고 계십니다)

Mr. Lewis: Stop fidgeting.

(그만 좀 꼼지락거려요)

♣ 표현 익히기

* gently: 얌전히
* slouch: 꾸부정 하게 서다
* silverware: 은식기
* make one call: 전화 한통 하다.
  (= make a phone call)
* tine: 포크의 갈래
* niece: 여자조카
* only child: 외동
* intriguing: 흥미로운, 강한 호기심을 자극하는
* stunning: 멋진
* fidget: (초조함 등으로) 꼼지락거리다, 가만히 못 있다.

• Geminate Consonant

영어에서는 같은 자음이 연속해서 나올 때 그 자음을 한 번만 발음 하면 된다.

예를 들어 우리나라의 '짱' 이란 단어를 영어어 표기할 때 쌍 지읒 'ㅉ'이 마치 영어 'Z'를 겹쳐 써 'ZZang'으로 표기한다. 그렇지만 발음은 'z' 한번만 발음된다는 것이다.

summer [sʌmər]는 m이 겹쳐 있다고 해서 '섬머'가 아니다. '서머'로 발음 해야 한다.

자~ 유의해서 발음해 볼까요

manners [mǽnərs]
challenge [tʃǽlindʒ]
dinner [dínər]
hobby [hábi]
cabbage [kǽbidʒ]

같은 단어에서 같은 자음이 겹쳐 있는 경우 이외에도 다른 단어 이면서 같은 자음이 연속해 나올 때도 한번만 발음 하면 된다.

gas station [gæs] [stéiʃən]을 [gæs stéiʃən]으로 발음 하면 된다.

자~ 유의해서 발음해 볼까요

upside down [ʌpsɑidaun]
this Sunday [ðisʌndei, -di]
with this [wəðis]

Ladies first(레이디퍼스트)

Ladies first라고 하면 일반적으로 여성을 배려하는 것이라고 알고 있다.

그러나 레이디 퍼스트는 서양의 마쵸 정신의 발로이다. 즉, 남자가 여자에게 '너는 나에게 절대로 도전할수 없는 존재야' 하는 것이 그 시초다.

Ladies first 유래는 전쟁에서 전투력이 떨어지는 여성을 먼저 위험지역으로 보내서 지뢰밭의 위험이 없는지 확인시킨 데에서 비롯되었다고 한다.

Noblesse Oblige(노블리스오블리제)

"Noblesse Oblige"는 가진자의 도덕적 의무란 뜻을 가지고 있다. 이 말은 유럽의 상류층들이 전쟁이 나면 앞장서서 싸우고, 사회적으로도 자신이 가지고 있고, 누리고 있는 것만큼 의무를 잘 이행하고 있다는 뜻이다. 서양이 지금처럼 세계질서를 주도하는 위치로 성장할 수 있었던 것이 그러한 서양 지배층들의 윤리의식 때문이었던 것 같다.

원래 노블리스 오블리제란 말은 프랑스 대혁명 직전 프랑스 귀족사회에서 처음 나왔다. 당시 프랑스의

귀족은 유럽에서도 가장 특권의식이 강하기로 유명했는데, 계몽주의가 유행하던 시대에조차 자신의 영지에 높은 세금을 물려 그것으로 사치나 하기 일쑤였고 그것으로도 부족하면 빚까지 얻어 사치에 썼으니 그러한 프랑스 귀족사회를 경계하는 의미에서 나온 것이 노블리스 오블리제이다. 결국 의무를 잘 지켜서가 아니라 제대로 지키지 않아 나온 말이 노블리스 오블리제인 셈이다.

• Oh, Pretty Woman

– Roy Orbison –

Pretty woman, walking down the street, pretty woman

귀여운 여인이 거리를 걷고 있어요.

The kind I like to meet, pretty woman

내가 꿈꾸던 이상형 같은 그런 귀여운 여인

I don't believe you, you're not the truth

믿을 수가 없어, 당신은 진짜가 아닌 것 같아

No one could look as good as you, mercy

그 누구도 당신처럼 멋지진 않아요.

Pretty woman, won't you pardon me? pretty woman,

귀여운 여인, 날 용서해 주겠죠?

I couldn't help but see, pretty woman,

난 당신을 볼 수 밖에 없어요. 귀여운 여인

That you look lovely as can be.

당신은 너무 사랑스러워보여

Are you lonely just like me? wow

나처럼 외로울까?

Pretty woman, stop a while

예쁜 아가씨, 잠시 멈춰 주세요

Pretty woman, talk a while

잠시 이야기를 나눕시다.

Pretty woman, give your smile to me

날 보고 웃어주세요.

Pretty woman, yeah, yeah, yeah

귀여운 여인, yeah, yeah, yeah

Pretty woman, look my way

나를 봐요 예쁜 그대

Pretty woman, say you'll stay with me

나와 함께 하겠다고 말해줘요

Cause I need you, I'll treat you right

당신이 필요해요. 잘 해줄께요

Come with me baby, be mine tonight

오늘 밤 나와 함께 보냅시다.

Pretty woman, don't walk on by

귀여운 여인이여 가지 마세요.

Pretty woman, don't make me cry

나를 울리지 말아요

Pretty woman, don't walk away, hey, O.K.

귀여운 여인이여, 멀리 떠나지 말아요

If that's the way it must be, O.K.

만약 당신이 계속 가야 한다면 괜찮아요.

I guess I'll go on home. It's late

나도 이제 가봐야 할 것 같아요. 늦었어요.

Therell be tomorrow night, but wait

내일밤에도 난 여기서 기다릴꺼에요.

What do I see? Is she walking back to me? yeah

저게 뭘까? 그녀가 내게로 다시 오고 있어? yeah

She's walking back to me, oh, oh, pretty woman

내게 다시 걸어 오고 있어. 오, 오, 귀여운 여인

03 Talking on the Phone

Key expression

I can't wait to talk to you.
(빨리 통화하고 싶어요)
Can you please spell Gabbana?
(가바나 스펠링 좀 부탁드려요?)
It's good to hear your voice
(목소리 들어서 좋아요)

- 전화응대 (Making and Receiving Phone Calls)

1. 인사하기

Hello, Good morning (Good afternoon, 또는 Good evening) AEPL (회사 이름, 소속), Miss Lyles (자기 이름) speaking~ (AEPL 미스 라일스입니다)

2. 통화 요청하기

May I speak to Ms. Emily, your manager. (메니저, 에밀리씨와 통화할 수 있을까요?)

I'd like to speak to James (이름). (제임스랑 통화하고 싶어요)

3. 전화 용건 말하기

I'm calling to ask about the recent schedule (용건).

(최근 스케줄에 관해 물어보려고 전화했어요)

4. 통화가 불가능할 때

I'm afraid she is not available now.

(유감스럽게도 지금 통화가 불가능하신데요)

I'm sorry she is in the meeting. (죄송하지만 회의 중이신데요)

Could I ask who's calling? (누구신지 여쭤봐도 될까요?)

Could you spell your name pleas. (이름 철자 부탁드립니다)

Can I take your message? (메시지 전달해 드릴까요?)

I'll give her a message. (메시지 전달해 놓을게요)

5. 통화 마무리하기

Thank you for calling (전화 주셔서 고마워요)

Thank you for your help (도와주셔서 고마워요)

Episode 6. I can't wait to talk to you

(영화 내 남자친구의 결혼, My best friend's wedding 중에서)

- I can't wait to talk to you

(Voice message)

Michael: Hey. It's Michael.

Michael: God, it must be, what, months, huh?

(세상에 도대체 몇 달이나 된거야?)

I can't wait to talk to you. (빨리 통화하고 싶어)

I'm in Chicago at the Ritz Carlton...

(나는 시카고 리츠칼튼에 있어)

Call me four in the morning, (아침 4시에 전화해)

Whatever, we gotta talk. (우리 뭐든 얘기하자)

Digger: Who called? The man of the moment?

(누가 전화했어? 한 때의 남자?)

Julianne: No, no, the opposite. (아니, 반대)

That's my best friend, Michael O'Neal.

(내 절친, 마이클오닐)

He sounds desperate to talk. (간절히 통화하고 싶은가봐)

Digger: The wandering sportswriter.

(떠돌이 스포츠 기자)

I didn't know you two had a past.

(너희 둘이 과거가 있는 줄 몰랐어)

Julianne: Sophomore year at Yale we had this one hot month.

(예일 대학교 2학년 때 정말 뜨거운 한 달을 보냈지)

And, you know me, I got restless...

(그리고, 날 알잖아, 난 가만히 있지를 못해)

So I got up the nerve to break his heart.

(그래서 나는 그의 마음을 아프게 하려고 신경을 곤두세웠다)

I told him there's this dreamy exchange student

from Pakistan who wanted to,

(파키스탄에서 온 꿈만 같은 교환학생이 있다고 했지)

you know...

♣ 표현 익히기

* I can't wait to: ~하기를 몹시 바라다

  예) My son can't wait for Christmas to come.

* whatever: 무엇이든지, 아무래도 좋아

  예) So tell me whatever you want

* gotta: have got to (~ 해야 한다)

  예) You gotta quit somoking

* man of the moment: 화제의 인물, 시대에 각광받는 사람

  예) Barack Obama was the man of the moment.

  (버럭 오바마는 화제의 인물이었다)

* sound: ~처럼 들리다.

2형식 동사로 뒤에 보어인 형용사가 온다.

예) Sound great! (좋은 생각이야!)

* desperate: 간절히 원하는, 필사적인

예) desperate buyer (절실한 구매자, 꼭 구매할 사람)

* Sophomore: 대학 2학년

그리스어의 Sophos (현명함)과 Moros (바보)가 합쳐져서 만들어진 단어로 대학 2학년의 오만함과 무지함을 의미한다는 유래가 있다. 하지만 Sophism (궤변)의 단어에서 16세기 Sophumer라고 사용하다가 Sophomore란 단어로 정착했다.

♧ Freshman: 대학 1학년(신입생)

대부분 모든 국가에서 신입생은 특별히 취급해

'Freshman'으로 단어 역시 따로 사용

일반적으로 the second year student (대학 2학년)

the third year student (대학 3학년)

the forth year student (대학 4학년)

미국의 경우 Freshman (대학 1학년),

Sophomore (대학 2학년) Junior (대학 3학년),

Senior (대학 4학년),

* restless: (지루하거나 따분해서) 가만히 있지 못하는

* get up the nerve: 용기를 내다, 힘을 내다.

예) You need to get up the nerve to ask her out.

(너는 그녀에게 데이트를 제안할 용기가 필요했어)

* break someone's heart: ~를 상심하게 하다, 비통하게 하다.

예) Did he break your heart? (그가 상심하게 했니?)

* exchange student: 교환학생

Julianne: I was calling Michael O'Neal,
(마이클 오닐에게 전화를 걸었는데요)
but seeing it's so late, (그런데 너무 늦은거 같아서,)
I could just leave a mes... (메시지를 남기려고..)

Michael: Hey! God, it's so good to hear your voice.
(헤이! 오, 네 목소리 들어서 너무 좋다)
I've been calling for days! (며칠 동안 전화를 걸었어!)

Julianne: Yeh, well my old machine kept eating messages.
(그래, 기계가 낡아서 계속 메시지가 씹혔어)
I tried constructively ignoring it
(적극적으로 무시하려고 노력했지)
in hopes of improvement, but finally
(나아질 것을 바라지만 결국.)

Michael: Look, I have to ask you something.
(너한테 부탁할게 있어)

Something so incredibly important, (정말 중요한건데)
that if you turn me down, I don't (네가 거절하면,)
know what I'll d...
(내가 어떻게 해야 할지 모를 것 같은데)

Julianne: I just have to tell you this one thing first, okay?
(내가 먼저 하나는 말해야 하는데, 오케이?)
I mean this will hand you the biggest laugh of your adult life... (이거 네가 들으면 엄청 웃을 텐데)
I was thinking about you, (너에 대해 생각을 계속했고)
and I remembered this unbelievably insane night we spent together in Tucson, like a thousand years ago?
(천 년 전처럼 느껴지지만, 우리가 투손에서 함께 보낸 믿을 수 없을 정도로 미친듯한 밤이 기억이 났어?
I mean, there's no way you could possibly remember the...
(내 말은, 네가 기억해낼 수 있는 방법이 없었을지 모르지만)

Michael: Are you kidding? (농담하니?)
I think about that night all the time.
(나 그날 밤을 늘 생각해)
But it's not why I called.
(그런데 내가 전화한 이유는 그것 때문이 아니고)
I called because I met someone.
(나 누구 만났다고 말하려고 전화했어)

♣ 표현 익히기

* leave a message: 메시지를 남기다

* I've been calling for days: 며칠 째 계속 전화했어요.

현재완료(have + p.p)는 보통 for+ 기간, 혹은 since + 시작점과 함께 사용하여 과거의 어느 시점부터 지금까지 계속되고 있는 동작을 표현한다.

I've been studying English since my freshman year of university. (대학 1학년부터 계속 영어공부를 해오고 있다)

* kept eating messages: 계속 메시지를 씹다.

keep ~ing (계속 ~하다)

예) Mr. president kept thinking how to survive the pandemic.

(대통령은 어떻게 팬데믹 위기를 버텨낼지 계속해서 생각했다)

* try ~ing : 그냥 시도해보다

예) try constructively ignoring (적극적으로 무시하려고 시도해보다)

♧ try to~ 애써 노력하다

예) I try to stay cool. (나는 냉정함을 유지하려고 노력한다)

* in hopes of: ~을 희망하며. ~희망을 가지고

예) He is doing his best in hopes of getting a promotion.

(그는 승진을 위해 최선을 다하고 있다)

* incredibly: 엄청나게

예) It was incredibly insane. (엄청나게 미쳤다)

* turn me down: refuse, to say no (거절하다)

* hand: 건네다, 주다

예) I hand (over) a receipt in return for money.

(돈을 받고 영수증을 건네준다)

* Are you kidding? 화가 나거나 어처구니가 없을 때 '장난하니?'의 의미로 사용한다.

▣ 여기서 잠깐 ~

* 문자를 씹다: ignore my message

She keeps ignoring my text messages.

* 나한테 문자 보내줘: text me please.

* 문자에 답 해줘: answer my text message.

* 부재중 전화: missed call

I got three missed calls.

* 진동 모드: vibrate mode.

* 무음 모드: silent mode.

* 내 폰은 일찍 배터리가 나가요: my phone dies fast.

Episode 7. Can you please spell Gabbana?

(영화 악마는 프라다를 입는다, Devil wears Prada 중에서)

- Can you please spell Gabbana?

Andy : Hello. Mrs. Priestly's office.

(여보세요? 미세스 프리슬리의 사무실입니다)

Hmm. That's what I meant. Miranda Priestly's office.

(음. 미란다 프리슬리의 사무실 말하는 겁니다)

Um, you know, she is in a meeting.

(지금 회의 중이십니다)

Can I please take a message? (메시지 전해 드릴까요?)

Uh-huh. Okay. (네, 오케이)

Can you please spell Gabbana?

(가바나 스펠링 좀 알려주세요)

Hello? I guess not. (여보세요, 모르시나?)

Nigel: I guessed an eight and a half.

(신발 8.5일 것 같은데)

Andy: Um, uh, that's very nice of you...

(음 정말 친절하시군요)

but I don't think I need these.

(근데, 저 이거 필요 없어요)

Miranda hired me. (미란다가 저를 고용했고)

She knows what I look like.

(제가 어떤 모습인지 알아요)

Nigel: Do you? (그래?)

Miranda: Emily. Emily? (에밀리. 에밀리?)

Nigel: She means you. (너 부르는 것 같은데)

Guy: We just cut on the bias. (좀 비스듬히 잘랐어요)

Miranda: That's not what I asked you.
(내가 요구한 것은 그게 아닌데)
I couldn't have been clearer. (명확하게 말했었는데)
There you are, (이제 왔네) Emily. (에밀리)
How many times do I have to scream your name?
(내가 몇 번이나 네 이름을 부른 줄 아니?)

Andy: Actually, it's Andy. (사실은 저 앤디에요)
My name is Andy. Andrea, but, uh, everybody calls me Andy. (제 이름은 앤디에요, 안드레아, 그런데 사람들이 다 앤디라고 불러요)

Miranda: I need 10 or 15 skirts from Calvin Klein.
(켈빈클라인 스커트 10벌 혹은 15벌 필요해)

Andy: What kind of skirts do you.. (어떤 종류?)

Miranda: Please bore someone else with your questions.
(그런 쓸데없는 질문은 다른 사람에게나 해)
And make sure we have Pier 59 at 8:00 A. M. tomorrow.
(그리고 내일 아침 8시에 스튜디오 예약해놔)

♣ 표현 익히기

* She is in the meeting: 회의 중이세요.

  She is in class: 수업 중이세요.

  She is not here right now: 지금 안계세요.

* Can I take a message? 메시지 남기시겠습니까?

  = Would you please leave a message? (정중한 표현)

* Can you please spell Gabbana? Gabbana 철자가 어떻게 되는지요?

  = How do you spell your name?

  당신 이름 철자가 어떻게 되는지요

* eight and a half: 신발 사이즈 8.5

☞ 미국와 유럽의 신발사이즈

1) 여성

주문사이즈 (US)	220	225	230	235	240	245	250	255	260	265	270
미국사이즈	5	5.5	6	6.5	7	7.5	8	8.5	9	9.5	10
영국사이즈	2	2.5	3	3.5	4	4.5	5	5.5	6	6.5	7
유럽사이즈	EU 36	EU 36.5	EU 37	EU 37.5	EU 38	EU 38.5	EU 39	EU 39.5	EU 40	EU 40.5	EU 41

2) 남성

주문사이즈 (US)	245	250	255	260	265	270	275	280	285	290	295	300
미국사이즈	6.5	7	7.5	8	8.5	9	9.5	10	10.5	11	11.5	12
영국사이즈	6	6.5	7	7.5	8	8.5	9	9.5	10	10.5	11	12
유럽사이즈	40	40.5	41	41.5	42	42.5	43	43.5	44	44.5	45	46

* that's very nice of you: 정말 친절하시군요.

= kind of you

= sweet of you

* cut on the bias: 비스듬히 자르다

* couldn't have been clearer: 더 분명하게 할 수는 없었다.

* Please bore someone else with your questions: 그런 질문으로 다른 사람이나 지루하게 해, 즉 쓸데없는 질문은 다른 사람에게나 해.

* Pier 59: 뉴욕에 있는 촬영 스튜디오

Episode 8. It's good to hear your voice

(영화 인턴, Intern 중에서)

- It's good to hear your voice

Jules: I hope you don't mind if I don't get in the front.

(내가 앞자리에 앉지 않은 것에 신경 쓰지 않았으면 좋겠어요)

I'm not trying to be rude.

(무례하게 굴려고 하는게 아니고)

I just think better in the back.

(뒷자리에서가 생각이 잘되거든요)

I mean, I could get in the front...

(앞자리도 앉을 수 있다는 말이에요)

Ben: No, no, no. This is perfect.

(아니에요 좋아요)

Jules: Yeah. Yeah. (네)

And everything you hear in the car is strictly confidential.

Okay? (이 차에서 듣는 것은 전부 비밀이에요, 아셨죠?)

Ben: Goes without saying.

(물론이지요)

Jules: Hi, Mom (엄마 안녕)

Jules's mom: Oh, I found you.

(오 드디어 받았구나)

Jules: Yeah. So, what's up? (어쩐 일이세요?)

How's everything? (어떻게 지내세요?)

Jules's mom: Well, your dad and I are finally putting together all our research at the hospital.
(네 아빠와 내가 드디어 병원에서 한 연구를 종합하는 중이야)

Jules: That's great. (잘됐네요)

Jules's mom: I hear you typing. (너 타이핑 하는 거 들린다)
That's better. (훨씬 낫구나)
So we've been studying women under 40 who sleepless than six hours a night.
(우리는 하루 수면 시간이 6시간 미만인 40대 이하의 여자들을 연구해오고 있지)

Jules: And what'd you find out? (근데 뭘 발견하셨어요?)

Jules's mom: It's interesting. (흥미로운데)
It seems like they're 38% more likely to experience major weight gain compared to women who slept seven hours a night. (그런 여성들은 하루에 7시간 수면하는 여성들보다 살이 찔 확률이 38%나 높다는 거야)

Jules: Are you kidding me? (농담하세요?)
You know I haven't slept in two years.
(내가 2년 동안 잠을 잘 못잔 거 아시면서)

Jules's mom: Well, I can't change the facts, dear.
(그래도 바꿀 수 없는 사실이야)

Jules: Mom, you Know what? I'm rushing into the city for a

meeting, (엄마 나 회의 때문에 시내로 급히 가는 중이고)

and I need to prepare. (준비가 좀 필요해요)

Can I call you when I get home? (집에 가서 전화 드려도 돼요?)

Jules's mom: Oh, you don't have to. (오, 그럴 필요 없어)

Jules: Okay. Love you. (네, 사랑해요)

....

[Miles: Ben, I haven't seen you in days.]

(벤 요즘 안보이네)

Ben: That's right, homey. Ben's got a job.

(맞아, 벤은 일자리를 얻었어. 친구야)

[Patty: Oh, you're never home. What do you do? Never mind.

It's Patty.] (집에 없네요. 뭐하세요? 별일 아니에요. 페티에요)

Fiona: Hello? (여보세요?)

Ben: Hi, Fiona. (안녕하세요? 피오나)

It's Ben Whittaker from About The Fit.

(어바웃 더 핏에 근무하는 벤 휘태커에요)

Fiona: Oh, hey. It's good to hear your voice.

(오, 안녕하세요? 목소리 들어서 좋아요)

Ben: Oh, it's good to hear your voice, too.

(오, 저도 목소리 들어서 좋네요)

Fiona: It was great meeting you today.

(오늘 만나서 반가웠어요)

Ben: I called you quicker than you thought I would.

(제가 생각보다 일찍 전화 드린 거 같은데)

Fiona: I'm glad you did.

(그렇게 해줘서 좋은걸요)

♣ 표현 익히기

* don't mind if: ~하는 것을 꺼리지 않다.

* get in the front: 앞자리에 타다.

♧ get in (out): 자동차를 타다(내리다)

get on (off): 기차, 자전거, 말 등에 올라타다 (내리다)

♧ in the front of: ~의 앞부분에

in the rear of (in the back of): ~의 뒷부분에

* rude: 무례한 / be rude: 무례하게 굴다

* strictly: 엄격하게

* confidential: 비공개의, 비밀의

♧ top secret / secret / confidential

confidential은 비밀의 단계 중 가장 낮은 단계의 비밀을 말하고 그 다음 단계는 secret 그리고 가장 높은 단계는 top secret이다. Secret(기밀)는 매우 중요하여 그것을 취급하는 사람이 매우 한정되고 일반 사람들에게는 상당한 기간 동안 혹은 영구적으로 공개되지 않는 것을 말한다.

계약서 같은데서 사용되는 confidential은 그 비밀의 범위가 광범위하지 않고 주로 당사자 사이에서 중요하기 때문에 사용된다.

예) 군사기밀 (Military Secret)

* goes without saying: 말할 필요도 없다. 두말하면 잔소리지요.

* put together: 이것저것 모아 만들다.

예) I'm putting together a team (나는 팀을 꾸리고 있어요)

I'm putting together a presentation (발표 준비를 하고 있어요)

* find out: (조사하여) 발견하다, 생각해 내다.

* be likely to: ~할 가능성이 있다.

♧ be more likely to: ~할 가능성이 많다(높다).

* major: 주요한, 중대한, 심각한

* rush into: 급하게 ~하다

♧ I'm in a rush: 나 지금 급해

= I'm in a hurry.

▣ 여기서 잠깐 ~

♧ Wake up call: 사람들의 주의를 촉구하는 경고

(이것은 당신의 행동에 대한 경고입니다)

♧ 호텔 등에서의 모닝콜

Could you give me a wake-up call at eight in the morning?

(아침 8시에 모닝콜을 해 주시겠습니까?)

• Stop sound

영어 자음을 소리낼 때, t, d, p 등으로 끝나는 단어를 '트, 드, 프'라고 기존의 t, d, p 사운드에 '으'를 붙여서 발음하는 경우가 많다.

그러나 영어에서는 't, d, p, b, k, g' 자음들을 Stop sound로 분류한다.

발음이 지속되지 않으므로 stop sound라고 하며 "으"를 붙여서 발음하지 않고 입술이 닫히면서 바람이 막히는 소리임을 유의해야 한다.

Stopped[stápt] 이지만 [stápt] 처럼 발음하면 좀 더 쉬울 것 같다.

자~ 유의해서 발음해 볼까요

smart [smɑːrt]

night [nait]

friend [frend]

world [wəːrld]

gap [gæp]

- 영국의 공중전화 box

1924년 건축가 길버트 스코트 경(Sir George Gilbert Scott)이 디자인하여 처음으로 등장한 빨간 공중 전화 박스는 이층 버스, 우체통과 함께 런던의 '빨간색'을 대표하는 물건으로 널리 알려져 있다.

최근 휴대전화 보급이 증가하고 공중 전화를 대체하는 다양한 수단과 방법들이 등장하면서 공중전화에 대한 수요가 현저하게 떨어지고, 오히려 오랜동안 방치되어 에너지를 낭비하고 있거나 일부 사람들의 반사회적 행동의 장소로 전락해버리는 사례들이 일어나기도 했다.

런던 정치경제대학교의 학생이었던 해럴드 크라스턴(Harold Craston)과 커스티 케니(Kirsty Kenney)는 기존의 공중전화 박스를 태양광을 이용한 휴대전화 충전소로 바꾸는 방법을 제안했다.

런던의 문화를 상징하던 빨간색 공중전화 박스는 녹색 경제를 상징하는 초록색 솔라박스(www.solarboxlondon.org)로 변신했으며 솔라박스 위에는 태양광 패널이 설치되어 있고 안에는 각종 스마트 폰과 태블릿PC, 카메라 등의 충전기가 구비되어 있다. 오전 5시 30분부터 밤 11시 30분까지, 365일 사용할 수 있다. 태양광을 이용하여 휴대폰을 완충하는 데 4시간이 걸리고, 하루 최대 100대의 폰과 태블릿을 충전할 수 있으며 기다리는 동안 광고를 시청하기만 하면 이용 요금은 무료라고 한다.

TELEPHONE

solarbox

TELEPHONE
solarbox

• I say a little prayer for you

– Aretha Franklin –

The moment I wake up

내가 일어난 순간

Before I put on my makeup (Makeup)

내가 화장을 하기 전에

I say a little (Prayer for you)

너를 위해 기도를해

And while I'm combing my hair now

그리고 지금 머리를 빗으면서

And wondering what dress to wear now (Wear now)

무슨 드레스를 입을지 고민하면서

I say a little (Prayer for you)

너를 위해 기도를 해

[Chorus]

(Forever) Forever, (And ever) yeah

영원히

You'll stay in my heart and I will love you

넌 내 가슴속에 있을거야 그리고 난 너를 사랑해

(Forever) Forever, (And ever) ever

영원히

We never will part, oh, how I love you

우린 헤어지지 않을거야, 난 정말 너를 사랑해

(Together) Together, (Together) together

같이

That's how it must be to live without you

너 없이 사는 것은

Would only mean heartbreak for me

그건 그저 마음 아플 뿐이야

I run for the bus, dear

나는 버스를 잡으려 달려가

But while riding I think of us, dear (Us, dear)

하지만 버스를 타서 난 우리를 생각해

I say a little (Prayer for you)

너를 위해 기도를 해

And at work I just take time

그리고 일을 하면서 나는 시간을 내서

And all through my coffee break time (Break time)

내 모든 쉬는 시간을 다

I say a little (Prayer for you)

널 위해 기도해

[Chorus]

(Forever) Forever, (And ever) yeah

영원히

You'll stay in my heart and I will love you

넌 내 가슴속에 있고 난 너를 사랑해

(Forever) Forever, (And ever) ever

영원히

We never will part, oh, how I love you

우린 헤어지지 않을거야, 난 정말 너를 사랑해

(Together) Together, (Together) together

같이

That's how it must be to live without you

너 없이 사는 것은

Would only mean heartbreak for me

그건 그저 마음 아플 뿐이야

Nobody but me

나만

MY BEST FRIEND'S
Wedding

04 Love Actually

Key expression

Say it's carol singers.
(캐롤 가수라고 말해요)
You've got nothing to lose.
(잃을 것이 없잖아)
She rescues him right back.
(그녀가 그를 바로 구출했지)

- Love actually

Love actually is all around (사랑이란 실제로 우리 주변 어디에나 있어요) 처음 주인공이 공항을 떠올리면서 하는 독백에서 이 영화 제목을 만들었다고 한다.

사랑은 어디에나 있다. 지금 사랑하고 있는 이들, 사랑을 준비하는 이들, 그리고 지나간 사랑에 아파하는 이들 모두 소리 없이 찾아 온 사랑에 울고 웃으며 그 마법 같은 설렘을 기다린다. 당신이 지금 하고 있는 사랑은?

General opinion started to make out that we live in a world of hatred and greed.
(일반적으로 우리가 증오와 탐욕의 세계에 살고 있다고는 하지만)

but I don't see that.

(나는 그렇게 생각하지 않아요)

Seems to me that love is everywhere.

(내가 보기에 사랑은 모든 곳에 있어요)

Often it's not particularly dignified or newsworthy.

(그것은 특별히 존엄하거나 뉴스거리가 될 만한 것은 아니지만)

But it's always there.

(그것은 항상 거기에 있죠)

I love you even when you're sick and look disgusting.

(네가 아프고 초라해 보일 때도 사랑해)

Did I mention that I love you?

(내가 사랑한다고 말했나?)

She doesn't even know my name.

(그녀가 심지어 내 이름을 모르더라도)

And even if she did, she'd despise me,

(알았어도 나를 무시했을 거야)

She's the coolest girl in school.

(그녀는 우리 학교에서 가장 끝내주는 애니까)

Love actually is (   )에 무슨 말을 넣으면 좋을까? 'Love actually... is patient. 사랑은 실은.. 인내다.' 사랑하면서 무한히 자신의 것을 내려놓고 인내해야 한다.

Actually는 as a matter of fact (사실)로 바꿔 사용해도 무방하다.

Let me ask someone out, because love actually is all around.

(누군가에게 데이트를 신청할거야, 왜냐면 사랑은 어느 곳에도 있으니까)

* ask someone out

'데이트하다'의 표현

1) hang out: 친구들끼리 어울려 놀다

2) go out: 누군가와 데이트 하다.

= date = ask someone out

Episode 9. Say It's Carol Singers

(영화 러브 액츄얼리, Love Actually 중에서)

- Say It's Carol Singers

Peter: Who is it? (누구야?)

[Mark's sign reads "say it's carol singers"]

(마크의 스케치북에는 "캐롤 가수라고 해"라고 쓰여 있다)

Juliet: It's carol singers. (캐롤 가수에요)

Peter: Well, give them a quid and tell them to bugger off!

(몇 푼 주고 가라고 해!)

Mark's card

WITH ANY LUCK BY NEXT YEAR, I'LL BE GOING OUT WITH ONE OF THERE GIRLS.

(내년까지 운이 좋다면, 이들 중의 한 명과 데이트 할거예요)

BUT FOR NOW, LET ME SAY WITHOUT HOPE OR AGENDA.

(하지만 지금은, 아무 희망이나 조건 없이 말할 거예요)

JUST BECAUSE IT'S CHRISTMAS (왜냐면 크리스마스잖아요)

AND AT CHRISTMAS YOU TELL THE TRUTH

(그리고 크리스마스엔 진실을 말해야 해요)

TO ME, YOU ARE PERFECT (내게 당신은 완벽해요)

AND MY WASTED HEART WILL LOVE YOU UNTIL YOU LOOK LIKE THIS…>

(그리고 헛된 마음이지만 당신을 계속 사랑할거예요. 당신이

이렇게 될 때까지..>)

Juliet: Merry Christmas. (메리 크리스마스)

Mark: Enough. Enough now. (충분해, 이제 충분해)

♣ 표현 익히기

* a quid: a pound

* bugger off: to go away (꺼져)

= sod off

예) I told him to sod off immediately.

(그에게 당장 꺼지라고 말했다)

♧ bugger: 1) to refer to someone or something whose behaviour is in some way displeasing or perhaps surprising. (어떤 식으로든 불쾌하거나 놀라운 행동을 하는 사람이나 상황을 가리킨다)

예) Bugger! I've left my keys at home.

(젠장! 열쇠를 집에 두고 왔어)

2) an impolite word that is often used in a loving or friendly way.

(사랑스럽거나 친근하게 자주 사용되는 격식 없는 말)

예) Well, he's a cute little bugger [=rascal, critter, guy], is he!

(글쎄, 그는 귀엽고 작은 악동이야, 그렇지?)

* say it's carol singers: 캐롤 가수라고 말하세요.

* just because it's christmas: just because(~) 그냥요

예) A: I like his songs. (나는 그의 노래 좋아해)

B: Why? (왜요?)

A: Just because (그냥)

* my wasted heart will love you: wasted heart: 지친 마음, 헛된 마음

* to tell the truth: to tell you the truth; 사실은

* you are perfect: 당신은 완벽해요

예) It's perfect for you (당신에게 딱 맞아요)

* until you look like this: 이렇게 될 때까지

Episode 10. You've got nothing to lose

(영화 러브 액츄얼리, Love Actually 중에서)

- You've Got Nothing to Lose

Daniel: Sammy! Fantastic show! (새미! 환상적인 쇼였어)

Classic drumming, son. (아들, 드럼 멋지던데)

Sam: Thanks. Plan didn't work, though.

(그런데 계획대로 안됐어요)

Daniel: Tell her, then. (그럼 그녀한테 말해)

Sam: Tell her what? (뭘 말해요?)

Daniel: That you love her. (네가 사랑한다고)

Sam: No way. Anyway, they fly tonight.

(안돼요. 어쨌든 오늘 비행기로 떠나요)

Daniel: Even better. (더 잘됐네)

Sam, you've got nothing to lose and you'll always regret it if you don't. (샘, 넌 잃을게 없어. 그리고 만일 고백 안하면 항상 후회할거야)

I never told your mom enough. I should have told her every day

(나도 엄마한테 충분히 말하지 못했어. 매일 말했어야 했는데)

Because she was perfect every day.

(왜냐면 엄마는 매일 완벽했거든)

You've seen the films, kiddo. It ain't over till it's over.

(키도라는 영화 봤지. 끝날 때까지 끝난 게 아니야)

Sam: OK, Dad. Let's do it.

(오케, 아빠 그럼 할게요)

Let's go get the shit kicked out of us by love.

(사랑의 힘으로 가서 고백할게요)

Daniel: Yes. (응)

Sam: Just give me one sec. (잠깐만요)

Daniel: Yeah. (네)

Daniel: Oh, I'm sorry. (오 미안해요)

Carol: Sorry. (미안해요)

Daniel: That's OK. My fault. (괜찮아요, 제 잘못이에요)

Carol: No, no, really, it wasn't. (오, 아닙니다)

You're Sam's dad, aren't you? (샘 아빠시지요, 그렇지요?)

Daniel: Yeah. Stepdad, actually. Daniel.

(내 사실 새 아빠에요, 다니엘)

Carol: I'm Carol. (저는 캐롤이에요)

Daniel: Carol. (캐롤)

Sam: OK, I'm back. Let's go. (저 왔어요. 가요)

Daniel: Yeah. Well... I hope we'll meet again, Karen.

(네, 다음에 또 뵙겠습니다, 카렌)

Carol: Carol. I'll make sure we do.

(캐롤이에요, 꼭 그러길 바래요)

Daniel: Yeah? Good. (네? 좋아요)

Carol: (laughs)

Sam: Tell her. (말하세요)

Daniel: What? (뭘?)

Sam: You know... (아시면서)

Daniel: Don't be such an arse. (까불지마)

Sam: Look, there she is. (봐 저기 있어요)

Daniel: Where? (어디?)

Sam: Over there. Oh, no. (저기요. 오, 안돼)

Daniel: It's OK, we'll go to the airport.

(괜찮아, 공항으로 가자)

I know a short cut.

(지름길 알아)

♣ 표현 익히기

* classic: 일류의, 최고의

* even better: 훨씬 더 나은

♧ 비교급을 강조하는 표현: even, much, a lot

예) much hotter

♧ 원급이나 최상급을 강조하는 표현: very

* you've got nothing to lose: 밑져야 본전이잖아

▸ 무언가의 결정을 못하고 망설이는 친구가 있다면 이렇게 응원해주세요 !

예) Hey, you've got nothing to lose. Just try it!

(너 잃을게 아무것도 없잖아 그냥 시도해봐

* It ain't over till it's over: 끝날 때까지 끝난 것이 아니다 (Yogi Berra).

메이저리그 전설적 야구선수 요기베라(Yogi Berra: 1925-2015)가 1973년 뉴욕메츠 감독시절 꼴찌를 하고있을 하고 있을 때 기자가 찾아와 다음 시즌에 관한 질문을 했을 때 요기베라가 한 말이다. 놀랍게도 그 해 뉴욕메츠는 막판 대역전극으로 월드시리즈까지 진출한다.

* go get the shit kicked out of us by love:

- the shit: 여기서는 부정적인 것으로 이해하면 좋을 것 같다.
- kick out of: 발로 차서 벗어나다, 가서 사랑으로 불운을 쫓아내자

* give me one sec.: 잠깐만, 캐주얼한 표현

sec. second(초)의 줄임말.

= one moment, please (잠깐만요)

* step dad: 새 아빠

* arse: 멍청이

예) Don't be such an arse (멍청하게 굴지마 혹은 까불지마)

* a short cut: 지름길

예) You can take a shortcut to go there.

(그곳으로 가는 지름길로 가실 수 있으세요)

Episode 11. She rescues him right back

(영화 프리티우먼, Pretty Woman 중에서)

- She rescues him right back

Edward: You don't have any messages for me, do you?

(나한테 온 메시지 없었지요, 그렇지요?)

Mr. Thomson: No, I'm afraid not, sir. (유감스럽지만 없었어요.)

Edward: I'll need a car to the airport.

(공항까지 갈 차편이 필요해요)

Mr. Thomson: Darryl will take you wherever you need to go.

(가시는 곳 어디든지 데럴이 모셔다드릴 겁니다)

Mr. Thomson: Darryl! The limousine out front.

(데럴! 앞쪽에 리무진 대기하세요)

Darryl: Yes, sir. (네)

Edward: Thank you, Darryl. (고마워요 데럴)

Edward: One last thing. If you could return this to Fred's for me, please? (마지막으로 한가지. 프레드에 돌려보내 줄래요?)

Mr. Thomson: Yes, of course. (네 물론이지요)

May I, sir? (열어봐도 될까요?)

Edward: Of course. Please.

(물론이지요, 열어보세요)

Mr. Thomson: It must be difficult to let go of something so beautiful.

(이렇게 아름다운 걸 돌려보내기 힘들겠어요)

Mr. Thomson: You know, Darryl also drove Miss Vivian home yesterday.

(데럴이 미스 비비안도 어제 모셔다 드렸어요)

I'll take care of it. (이건 제가 처리하겠습니다)

Edward: Thank you, Mr. Thompson. (고마워요, 탐슨씨)

Darryl: Your plane is leaving as scheduled, sir.

(비행기는 예정대로 출발합니다)

You should be back in New York on time.

(뉴욕에 제시간에 도착할겁니다)

Edward: Vivian! Vivian! (비비안)

Princess Vivian! (비비안 공주!)

Come down! (내려오세요!)

Edward: It had to be the top floor, right?

(꼭대기 층, 맞지?)

Vivian: It's the best. (거기가 최고야)

Edward: All right. (좋아)

I'm coming up. (내가 올라갈게)

So, what happened after he climbed up the tower and rescued her?

(그가 올라가서 그녀를 구한 후에는 어떻게 될까?)

Vivian: She rescues him right back.

(그녀는 바로 그를 구출하지)

♣ 표현 익히기

* take A to B: A를 B로 데리고 가다 (가지고 가다).

♧ Bring A to B: A를 B로 데려오다 (가져오다)

* wherever: 어디든지

예) wherever you need to go: 원하는 곳이라면 어디든지

* must be: ~임에 틀림이 없다.

예) It must be very difficult (매우 어려웠음에 틀림이 없다)

* take care of: 돌보다, 처리하다

= deal with (처리하다)

* top floor: 꼭대기 층

♧ 건물 안의 층을 표현할 때는 floor를 사용한다.

예) 1층: first floor, 2층: second floor 3층: third floor

전체 건물의 층수를 표현하는 건물 밖의 층수 표현은 story를 사용한다.

예) I have a 5 story building. (나는 5층짜리 건물을 가지고 있다)

• Assimilation

영어를 발음할 때, 앞 뒤에 인접한 서로 다른 음을 닮아서 한 음이 변하는 현상을 assimilation(동화)라고 한다.

1) 순행 동화: 뒤의 음이 앞의 음을 닮아서 변이하는 것을 말한다.

John's [s]가 [n]을 닮아서 유성음 [z]로 발음 된다.

2) 역행동화: 앞의 음이 뒤의 음을 닮아서 변이하는 것을 말한다.

of course [əv]가 뒤 [k]를 닮아서 [əf]로 발음 된다.

3) 상호 동화: 앞의 음과 뒤의 음이 서로 닮아서 발음 된다.

Don't you: don't의 [t]와 you의 [ju]가 서로 영향을 주어 [tju]로 발음 된다.

자~ 유의해서 발음해 볼까요

Actually [ǽktʃuəli]

would you [wúdju]

get you [getju]

didn't you [dídntju]

"Friend"

'Friend'란 단어를 보고 한국인이 느끼는 감정과 미국인이 느끼는 감정은 사뭇 다르다.

한국인들에게 '친구'는 아주 가깝고 오래 사귄 사람으로 친구라 부르기까지는 몇 가지의 조건이 있다. 예를 들어 나이가 같아야 하고 출신, 소속이 같아야 한다. 다시 말해서 초등학교든 중학교든 같은 학교를 나왔다든지 같은 고향 출신이거나 같은 동네에 오래 살았다든지, 성별이 같다든지 등의 뭔가 공통점이 있어야 한다. 자신의 사생활과 고민을 서슴없이 털어놓을 수 있는 그런 사람만이 '친구'라고 부를 수 있다.

> 한국인들에게 친한 친구를 평가하는 기준은 친구가 '얼마나 편한 사이인가' 하는 편안함의 정도다. 격의 없이 서로 눈치 보지 않고 스스럼없이 대할 수 있는 사이. 말하지 않아도 내 마음을 알아주는 친구. 그런 친구가 내 가치를 인정해 주고 내 진면목을 인정해 준다면 더할 나위 없이 좋은 것이다,
> (「신명의 심리학」 본문 中)

같은 학교에 다니는 누군가를 다른 사람에게 소개할 때도 '친구'라는 단어를 사용하는 경우는 신중하다고 볼 수 있다. '친구'라는 호칭에는 대단히 제한이 있기 때문이다.

한국인들에게는 '남자 친구' 혹은 '여자친구' 나누어 말하는데 이러한 단어들은 미국인들과의 의사소통 시에 문화적 충격을 가져오기도 한다. 미국인들에게 'boy friend' 혹은 'girl friend'는 '애인'의 의미이기 때문이다.

미국인들에게 'firend'는 한국인들이 생각하는 그런 '정'으로 뭉친 관계가 아니다. 굳이 남자와 여자로 나눌 필요도 없고 나이의 많고 적음으로 나눌 필요도 없다. 다양한 민족들이 구성한 나라(united states)의 의미가 주는 것처럼 다양성을 녹여 하나의 새로운 문화를 만들어 내고자 한 용광로(melting pot)의 개념에서처럼 혹은 다양한 사람들의 다양함과 정체성을 인정하면서도 조화로운 삶을 추구하는 샐러드 보울(salad bowl)이론처럼 그들은 다양함의 인정과 다양함 속의 삶이 그리 낯설지 않은 문화일 것이다

• Both sides now

– Joni mitchell –

Rows and flows of angel hair

활처럼 흘러내리는 천사의 머리카락

And ice cream castles in the air

하늘에 떠있는 아이스크림 성

And feather canyons everywhere

이곳저곳으로 흩날린 깃털 같은 협곡

I've looked at clouds that way

나는 그렇게 구름을 보고 있었죠

But now they only block the sun

그러나 이제 구름은 태양을 가리고

They rain and snow on everyone

모두에게 비와 눈을 내리게 하는군요

So many things I would have done

내가 하려 했던 많은 일들

But clouds got in my way

구름이 그것을 방해 하네요

I've looked at clouds from both sides now

난 구름의 양면을 보았어요

From up and down and still somehow
하늘 위에서 그리고 땅 위에서
It's cloud's illusions I recall
그런 생각은 구름이 주는 환상일 뿐
I really don't know clouds at all
구름의 진실은 무엇인지 알 수 없어요

Moons and Junes and ferries wheels
달이 떠오르는 6월마다 유원지의 회전 관람차들
The dizzy dancing way you feel
어지럽게 춤추듯 느껴져요
As every fairy tale comes real
요정들의 동화가 현실이 되는
I've looked at love that way
나는 사랑을 그렇게 보았어요
But now it's just another show
그러나 이제 다른 것이 보여요
You leave them laughing when you go
비웃는 그들을 그냥 두고 떠나세요
And if you care, don't let them know
만약 알게 될까 걱정이 된다면
Don't give yourself away

당신에 대해 알게 하지 마세요.

I've looked at love from both sides now

난 사랑의 양면을 봅니다.

From give and take and still somehow

주고 그리고 받는 것

It's love's illusions I recall

그것은 내가 기억하는 사랑의 환상입니다

I really don't know clouds at all

구름의 진실은 무엇인지 알 수 없어요

Tears and fears and feeling proud,

눈물과 두려움 그리고 자부심

To say 'I love you' right out loud

큰소리로 "사랑해"

Dreams and schemes and circus crowds

꿈과 계획 그리고 구경꾼들

I've looked at life that way

나는 인생을 이렇게 보았어요

But now old friends they're acting strange

그러나 오랜 친구들이 이상하게 행동하네요

They shake their heads, they say I've changed

고개를 저으며 변했다고 말해요

Well something's lost, but something's gained

뭔가를 잃고, 얻게 되고

In living every day.

그런 하루하루 살고

I've looked at life from both sides now

나의 삶의 양면을 봤어요

From win and lose and still somehow

뭔가를 얻고, 잃고 아무튼

It's life's illusions I recall

이것이 내가 기억하는 인생의 환상이에요

I really don't know life at all

인생 이젠 모르겠네요

05 Looking for Anything in Particular, Sir?

Key expression

Would you like it gift-wrapped?
(선물 포장 해주시겠어요?)
Cost and worth are very different things.
(비용과 가치는 매우 다른 것입니다)
That's the oldest trick in the book!
(그건 책에나 나오는 옛날 수법이에요)

- 미국에서 쇼핑하기

♣ 텍스(Tax)

미국에서 상품을 구입하면 온라인이든 오프라인이든 세일즈 텍스(Sales Tax)를 낸다.

과자 한 봉지, 책 한 권, 식당에서 음식값을 지불할 때도 원래의 가격 이외에 세금이 별도로 붙는다.

제품 가격에 소비세가 포함되는 우리나라와 다르게, 미국에서는 상품을 계산할 때 별도의 세금 (Sales Tax)을 부과한다. 지역이나 물건에 따라 다르지만 보통 상품가의 10% 정도가 세금으로 추가된다.

그러나 어떤 경우든 항상 세금이 면제되는 지역이 있는데 일반세금, 특별세금 모두 없이 완벽한 면세지역이 오레곤(Oregon), 델라웨어(Delaware), 뉴햄프셔(New Hampshire)이다. 그 이외 알라스카(Alaska), 몬타나(Montana)에서는 기본 세금은 면제가 되지만 특별세가 있다.

♧ 주마다 다른 세일즈 텍스(Sales tax)

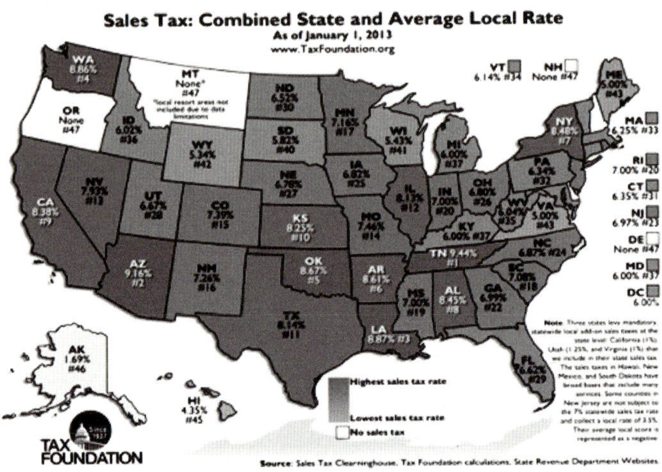

(출처:구글)

♣ 블랙 프라이데이(Black Friday)

11월 넷째 주 목요일은 미국의 추수감사절(Thanksgiving Day)인데, 매년 추수감사절 다음 날부터 비공식적인 크리스마스 시즌이 시작된다. 그래서 미국 사람들은 추수감사절 다음 금요일 날을 블랙 프라이데이(Black Friday)라고 부르며, 이날은 쇼핑 대란이라고 할 만큼의 어마어마한 쇼핑이 시작된다. 실질적으로 크리스마스 쇼핑이 시작되는 날이다. 거의 모든 가게들이 큰 세일을 하며, 많은 상점과 몰은 일찍 문을 연다. 블랙 프라이데이는 공식적인 휴일은 아니지만, 많은 미국 사람들이 추수감사절 다음 금요일에 쉬기 때문에 쇼핑몰과 상점에서 친구들과 가족들을 위한 저렴한 쇼핑을 할 수 있는 블랙프라이데 쇼핑문화가 있다.

♣ 박싱 데이(Boxing day)

크리스마스 다음 날 12월 26일인 박싱 데이(Boxing day)는 영연방 국가에서 크리스마스와 함께 휴일로 정하고 있다. 박싱 데이는 전통적으로 가난한 사람들에게 선물과 기부를 하는 날인데, 요즘에는 "크리스마스 재고품"을 연말에 정리하기 위해 소매상들이 가격을 대폭 할인해서 저렴하게 쇼핑하기 좋은 날로 인식되어 있다. 영국식 블랙 프라이데이라고 이해하면 좋을 것 같은 박싱 데이는 선물상자를 의미하는 'Box'에서 유래했으며 그 기원에 대해서는 다양한 설이 있다. 봉건 시대 크리스마스 파티가 끝나면 영주는 자기 땅에 사는 농노들에게 옷, 곡물, 연장과 같은 물건들을 상자에 담아 주었고, 각 농노의 식구들은 크리스마스 다음 날 그 상자를 집으로 가져갔는데, 물건을 상자에 담아 주었기 때문에 그날을 박싱 데이라고 불렀다. 또 다른 기원은 수백 년 전에 상인들이 하인들에게 크리스마스

팁으로 음식과 과일을 상자에 포장해서 줬기 때문에 '박싱 데이'라고 불렀다.

♣ 쇼핑 때 지불 방법(Payment)

Cash (현금), Check (수표), Credit Card (신용카드), Debit Card (직불카드)

- I will pay in cash. (현금으로 계산할게요)
- Can I pay with a credit card? (신용카드로 결제할 수 있나요?)
- I'd like to pay it in full sum. (일시불로 계산할게요)
- I'd like to pay it in three installment. (3개월 할부로 계산할게요)
- Can you give a discount for cash? (현금으로 결제하면 할인해 주시나요?)
- Can I use this coupon? (이 쿠폰 사용할 수 있나요?)
- How much do I pay for shipping? (배송비는 얼마인가요?)
- Buy 2, get 1 free. (두 개 사시면 하나 더 드려요)
- Does the price include tax? (세금이 포함된 가격입니까?)
- Can you knock off the price a little bit? (조금 깎아주실 수 있나요?)
- Can I ge a refund? (환불받을 수 있나요?)
- Can I exchange this for another one? (다른 것으로 교환할 수 있나요?)

Episode 12. Would you like it gift-wrapped?

(영화 러브 액츄얼리, Love Actually 중에서)

- Would you like it gift-wrapped?

Karen: Sorry I'm late, I had to drop off Bernie at rehearsal.

(미안 늦었어요. 버니를 리허설에 데려다주고 오느라...)

Karen: Right, listen, you keep yourself occupied for ten minutes while I do the boring stuff for our mothers.

(10분 동안 혼자 좀 다니세요. 난 그동안 학부형들 줄 적당한 선물 좀 사고 있을게요)

Salesman: Thank you. (고맙습니다)

Guest: Thank you. (고맙습니다)

Jery Salesman: Looking for anything in particular, sir?

(특별히 찾으시는 것 있으세요?)

Harry: Yes...ahm. That necklace there··· how much is it?

(네. 아. 저기 저 목걸이... 얼마인가요?)

Jery Salesman: It's £270. (270파운드입니다)

Harry: Erm, all right. Er, I'll have it. (좋아요, 그걸로 주세요)

Jery Salesman: Lovely. Would you like it...gift-wrapped?

(훌륭합니다. 선물 포장해 드릴까요?)

Harry: Yes, all right. (네, 좋아요)

Jery Salesman: Lovely. Let me just pop it in the box there.

(훌륭합니다. 저 상자에 넣겠습니다)

Harry: Look, could we be quite quick?

(이봐요, 빨리 좀 해주시겠어요?)

Jery Salesman: Certainly, sir. Ready in the flashiest of flashes there. (물론이죠. 번개처럼 아주 빨리 하겠습니다)

Harry: That's great. (좋아요)

Jery Salesman: Not quite finished. (아직 안 끝났어요?)

Harry: I don't need a bag,

(가방은 필요 없어요)

I'll put it in my pocket.

(주머니에 넣을 거예요)

Jery Salesman: Oh, this isn't a bag, sir.

(오 이건 가방이 아닙니다)

Harry: Really?

(정말요?)

Jery Salesman: This is so much more than a bag. Oh!

(이것은 가방 그 이상이에요)

Harry: Could we be quite quick, please?

(좀 더 빨리해 주실 수 없나요?)

Jery Salesman: Prontissimo.

(빨리하고 있습니다)

Harry: What's that? (그것은 뭐지요?)

Jery Salesman: A cinnamon stick, sir. (시나몬 스틱입니다)

Harry: Actually, I really can't wait.

(진짜, 더 이상 못 기다립니다)

Jery Salesman: You won't regret it, sir.

(후회하지 않으실 겁니다)

Harry: Want to bet? (내기할래요?)

Jery Salesman: This but the work of a moment.

(이건 그냥 금방 할 수 있는 일이에요)

There we go. Almost finished.

(이것 봐요.) (거의 끝났잖아요)

Harry: Almost finished. (거의 끝났어요)

Are you gonna dip it in yogurt? (요거트에 담글건가요?)

Cover it with chocolate buttons? (쵸콜릿 단추로 씌울건가요?)

Jery Salesman: No, sir, we're going to pop it in the Christmas box. (아닙니다. 크리스마스 선물상자에 넣을 거예요)

Harry: I don't want a Christmas box.

(저는 크리스마스 선물상자는 필요 없는데요)

Jery Salesman: But you wanted it gift-wrapped.

(그런데 선물 포장을 원하셨잖아요)

Harry: I did but... (그랬지요 하지만..)

Jery Salesman: The final flourish. (마지막 단계입니다)

Harry: Can I just pay? (그냥 계산해도 될까요?)

Jery Salesman: All we need now... (지금 필요한 건)

Harry: Oh, God. (오 맙소사)

Jery Salesman: is a sprig of holly…(성스러운 나뭇가지입니다)

Harry: No, no, no, no. No bloody holly.

(아니에요. 성스럽기는요 제기랄)

Jery Salesman: But sir... (그런데요 선생님)

Harry: Leave it. Leave it, just leave it. (그냥 두세요)

Karen: Ooh! Loitering around the jewellery section?

(오! 왜 보석 코너를 어슬렁거리고 있었던 거야?)

Harry: No. I was just looking around.

(아니, 그냥 둘러보고 있었어)

♣ 표현 익히기

* keep yourself occupied for: 누군가에게 일정 시간 동안 할 다른 것을 주다

* boring stuff: 지루한 물건, 여기서는 늘 사용하는 진부한 물건

* I'll have it.: 살게요. 내가 그것을 가질게요라는 의미인데 상점에서 물건을 사겠다는 표현

* Wrap: 싸다, 포장하다.

예) Would you gift-wrap this please?

(선물포장 해주실 수 있으세요?)

♧ wrap up: 마무리하다

예) Let's wrap it up. (이만 마무리할까요?)

* let: ~하게 하다

* pop: 빠르게 어디에 집어넣다

(to put or take something quickly).

put과 비슷한 의미를 가진다.

예) Let me just pop it in the box.

(제가 박스에 넣어 드릴게요)

* could we: 정중한 권유의 표현으로 (우리~ 할 수 있을까요?)

* certainly: 확실하죠.

= definitely

* the flashiest of flashes: 순식간에

* Prontissimo: very quickly (Italian)

♧ Prontissimo는 '지금 당장'을 의미하는데 'right now'와 비슷하게 사용된다.

* cinnamon stick: 계피 막대

♣ 기원전부터 시나몬 스틱은 특유의 향으로 사람들을 매료시켜 왕이나 신에게 선물로 바쳤다.

* I really can't wait: 진짜 바빠요.

= very busy

* want to bet? 내기할까?

* dip: 살짝 담그다

예) pizza with dipping sauce (디핑 소스를 곁들인 피자)

* flourish: 번창하다, 풍성하다.

♧ 여기서는 '선물을 풍성하게 해주는 장식'의 의미로 사용

* sprig: (요리용·장식용으로 쓰는) 잔가지

* holly: 거룩한

* bloody: 잔혹한

예) bloody day: 일이 꼬여 안좋은 날, 잔혹한 날

* leave: 두다.

예) Just leave it alone. (그냥 내버려 두세요)

* loiter around: 어슬렁거리다

* look around: 둘러보다.

♣ 아이쇼핑(window shopping)하러 가게에 들어갔는데 점원이 May I help you?(뭘 도와드릴까요?)라고 한다. 이때 '그냥 둘러보는 거예요!'라는 영어 표현이 'I'm just looking around' 또는 'I'm just browsing'이다.

Episode 13. Cost and Worth are very different things

(영화 쇼퍼홀릭, Shopaholic 중에서)

- Cost and worth are very different things

Rebecca: The green scarf, please. (초록색 스카프 주세요)

Sales clerk: Good choice. It's the last one.

(잘 선택하셨어요. 마지막 한 장 남은 거예요)

That'll be $120. (120달러입니다)

How would you like to pay?

(어떻게 결재하실 겁니까?)

Rebecca: Here's $50 in cash, (여기 현금 50달러)

Can you put 30 on this card... (30달러는 이 카드로)

10 on that. (10달러는 저 카드)

20 on that. (20달러는 저 카드)

It's so cute. (너무 깜찍해요)

Sales clerk: Declined.

(결재가 승인이 안 되었어요)

Rebecca: Really? Could you just... (정말요? 그럼..)

Could you try it again?

(다시 한번 결제해봐 주실래요?)

Sales clerk: Really declined.

(진짜 승인 거절이네요)

Rebecca: Could you put this to one side...?

(한쪽에 맡아 주실 수 있으세요?)

Sales clerk: I can't hold sale items.

(세일품목은 맡아드릴 수 없습니다)

Rebecca: Excuse me, this is an emergency.

(실례합니다. 응급상황이에요)

Excuse you, excuse me! (실례합니다)

Do you do cash back?

(현금으로 환전해주나요?)

Hotdog seller: What? (뭐라구요?)

Rebecca: If I give you a check for $23, will you give me one of your delicious hot dogs and $20 cash back, please?

(제가 23달러 수표를 내면 핫도그 하나와 현금 20달러 주시겠어요?)

Hotdog seller: Do I look like a bank?

(내가 은행처럼 보여요?)

Rebecca: I have an interview in a few minutes.

(저 곧 면접 가야해요)

They don't hold sales items.

(세일 상품은 맡아주지 않겠데요)

It's a desperately important scarf.

(몹시 중요한 스카프거든요)

Hotdog seller: Desperately important scarf.

(몹시 중요한 스카프)

Rebecca: You know what? It's for my great-aunt.

(그거 아세요? 우리 고모님 드릴거예요)

She's very sick and she is in hospital actually.

(지금 아파서 병원에 계세요)

Luk Brandon: Can you ask them to turn the heating up?

(난방을 좀 올려달라고 부탁해보시지요?)

Hotdog seller: Want mustard with that?

(겨자소스 뿌려드릴까요?)

Luk Brandon: Yah (네)

Rebecca: Please. I will buy all of your hot dogs.

(제발요, 제가 여기 핫도그 다 살게요)

Hotdog seller: You'll take 97 hot dogs?

(그럼 핫도그 97개 사시는 건데요?)

Rebecca: Done. (할게요)

Who do I make it... (누구한테 ..)

That means you just paid $23 for a hot dog!

(이건 핫도그 하나가 23달러인 셈인데요)

Luk Brandon: You want your scarf, I want my hot dog.

(당신은 스카프를 원하고, 난 핫도그를 원해요)

Cost and worth are very different things.

(비용과 가치는 매우 다른 것입니다)

Rebecca: Thank you! My aunt will really appreciate it.

(고마워요, 우리 고모가 매우 감사해 할 거예요)

♣ 표현 익히기

* How would you like to pay? (어떻게 결재하실 겁니까?)

= How are you going to pay?

* decline: 거절하다, 사양하다. 카드승인거절

* try: 시도하다

=attempt

* this is an emergency: 긴급 상황입니다.

This is very urgent.

♧ urgent/ emergency:

urgent는 일반적으로 급한 일, emergency는 위급하거나 비상사태인 상황을 의미한다.

* cash back: 현금으로 돌려주다. 거슬러주다.

* hold items: 물품을 팔지 않고 잠시 잡아두는 것.

예) What do the Hold and Sold signs on items mean?:

물품에 적힌 '유보'와 '판매' 적힌 '유보'와 '판매' 표시는 무슨 뜻인가요?

* desperately: 절실하게

* turn the heating up: 난방 온도를 올려달라고 하세요.

* Cost and worth are very different things: 비용과 가치는 매우 다른것이다.

vitamin

Episode 14. That's the oldest trick in the book!

(영화 쇼퍼홀릭, Shopaholic 중에서)

- That's the oldest trick in the book!

Lady: I feel like I've run a marathon. (마라톤을 해야 할 것 같아)

They have Galliano! (갈리아노도 있어)

They have Gucci half off, (구찌 반값 할인이고)

Calvin Klein half off! (켈빈클라인 반값 할인)

Clerk: You'll get your turn, just be patient.

(여러분 차례에요, 조금만 더 기다리세요)

Rebecca: At every point I will ask, "Do I need this?"

(어떤 순간에도 나 자신에게 물을 거야, "나 이거 필요해?')

Clerk: There's another entrance this way!

(이쪽 출구에요!)

Rebecca: Well, these cashmere gloves I need

as it is winter and I have... hands.

(글쎄, 겨울에 필요한 캐시미어 장갑 그리고 난 손이 있으니..)

So that's all. (그래 됐어)

I'll buy these and these alone. (이것만 살거야, 오직 이것만)

My gosh, Missoni! (오! 미쏘니)

Now walk away, (이제 걸어 나가자)

strong and frugal. (강하고 검소한)

Oh, my God! Gucci boots. (오 이를 어째 ! 구찌부츠)

Fifty percent off? (50% 할인)

Do I need these? (나 이거 필요해?)

Do I need these? (나 이거 필요해?)

Do I need these? (나 이거 필요해?)

No. (아니)

Lady: Jeannie, Gucci boots! (지니. 구찌 부츠)

Rebecca: Uh, oh, I'm so sorry. I had them first.

(아 오 미안해요, 제가 먼저 사려고 했는데요)

Lady: But you put them down.

(그런데 제자리에 내려 놓으셨잖아요)

Rebecca: No, I know I did, but I saw them first,

(네 알죠, 제가 그랬죠, 그렇지만 제가 먼저 봤잖아요)

so I'm gonna take them.

(그래서 제가 살거예요)

Lady: Then you took your hands off them.

(그러니 부츠에서 손 떼세요)

Rebecca: Give me the boots, (부츠 주세요)

and no one gets hurt! (아무도 안다치게 하려면)

Give me the boots. (부츠 주세요)

Give me the boots! (부츠 주세요)

Look! There's a sale on Burberry!

(저기 봐요! 버버리 세일하네요)

Lady: That's the oldest trick in the book!

(그건 책에나 나오는 옛날 수법이에요)

Rebecca: Give them! (주세요)

Don't you tell me... (내가 말하지 않았나요)

Give me the boots! (부츠 주세요)

Lady: I waited in line all morning for this!

(이것 때문에 아침 내내 줄섰어요)

Rebecca: Ah! Ha-ha! (아하)

"Your store card is like a 50 percent-off cashmere coat.

(상점 카드는 50% 할인된 캐시미어 코트 같다)

The first time you meet, it promises to be your best friend.

(처음에는 너의 최고의 친구가 될 것이라고 약속하지만)

Until you look closely and realize it's not real cashmere."

(자세히 들여다보면 결국 가짜 캐시미어라는 것을 알게 되지)

Chrisine: You've been ripped off.

(바가지 쓴거야)

Rebecca: Right. You get it? You get it.

(맞아. 너도 알겠지? 너도 알아)

Boy friend: We get it. Now go away.

(우리 알아. 지금 가줄래)

Rebecca: Ha! (하)

♣ 표현 익히기

* feel like: …한 느낌이 있다
* half off: 반값의, 50% 할인의(50% off).
* turn: 차례, 순번
* frugal: 소박한, 간소한
* another; 다른

♧ another= an + other (다른 하나) 그래서 뒤에 단수 명사가 온다

other= other 뒤에 복수 명사가 온다.

others = other + 명사이므로 others 뒤에 명사를 쓰지 않도록 주의한다.

* sale: 판매

♧ on sale: 할인 판매되는

예) It's on sale. (지금 세일중이야)

for sale: 팔려고 내놓은

예) not for sale (비매품)

* put something down: 내려놓다
* took your hands off: 손을 떼다
* not A until B = B할 때까지 A하지 않는다.

♧ not until B... A: B하고 나서야 비로서 A하다.

예) The library doesn't open until 11AM.

(도서관은 11시가 될 때까지 열지 않는다)

Not until 11 O'clock does the store open.

(11시가 되서야 도서관이 문을 연다)

* rip somebody off: ~에게 바가지를 씌우다

♧ rip-off: 바가지

• Consonant transfer

두 개 이상의 영어 단어를 발음할 때, 앞 단어가 자음으로 끝나고 뒷 단어의 첫 음이 모음으로 시작할 때 앞 단어의 끝 자음이 뒷 단어의 모음으로 이동되어 발음되는 현상을 Consonant transfer(자음이동)이라고 한다.

nice	of	you
[nais]	[əv]	[ju]
[nai]	[səv]	

자~ 유의해서 발음해 볼까요

can I → ca nai

an orange → a norange

some apples → so mapples

tell him → te lim

rob you → ro byou

• Girl just want to have fun

- Cindy Lauper -

I come home in the morning light

아침 해가 떴을 때 집에 돌아왔었네.

My mother says:

우리 엄만 이렇게 말했어.

'When you gonna live your life right?'

"언제 쯤 똑바로 살래?"

Oh, mother, dear

엄마, 제발

We're not the fortunate ones

우린 재수가 좋은 애들이 아냐

And girls

소녀들은

They wanna have fun

즐기고 싶어해

Oh, girls

소녀들은

Just wanna have fun

단지 즐기고 싶어하는 거야

The phone rings in the middle of the night

새벽 밤 중에 전화가 울리네

My father yells:

우리 아빠가 고함치면서 말했지

'What you gonna do with your life?'

"어떻게 살려고 그래?"

Oh, daddy, dear

아 아빠, 제발

You know you're still number one

아빤 여전히 최고란 거 알잖아

But girls

하지만 소녀들은

They wanna have fun

즐기고 싶은 거야

Oh, girls, just wanna have fun

소녀들은 단지 즐기고 싶은 거야

That's all they really want

정말 원하는 건 그게 전부야

Some fun

좀 재밌는거 말야

06 Eat, Pray, Love

Key expression

I am not checking out.
(포기하는 게 아니야)
I'm having a relationship with my pizza.
(나는 피자와 연애하는 중이야)
Let's get sloshed.
(우리 취해 봐요)

- 이탈리아 음식

지중해의 반도 국가 이탈리아는 우리나라와 같이 삼면이 바다로 둘러 싸여 있으며 북부에 위치한 알프스 산맥과 남쪽 바다로 인해 대륙성 기후의 쌀과 밀이, 남쪽 지방은 지중해성 기후의 영향으로 올리브, 과일, 해산물이 생산된다. 이에 따라 이탈리아에서는 해산물 요리가 발달하였다.

이탈리아 최고의 명문가문이었던 메디치가(Medici family)의 카타리나 공주가 프랑스 왕가로 집안의 요리사를 데리고 시집을 가면서 프랑스에 다양한 요리들을 전파하게 되었다. 이탈리아 요리법은 여러 재료를 섞거나 변형하지 않고 식재료 각각의 성질을 이용해서 개별적인 맛을 강화하는 방식으로 현대 서양요리법의 근원이 되었다. 이탈리아의 대표적인 요리들은 오늘날 전 세계인들이 즐기는 파스타, 스파게티, 피자 등과 각종 해산물 요리들이다.

♣ 파스타(Pasta)

파스타는 단순한 음식이라기 보다는 삶의 일부이자 이탈리아의 상징 문화라고 할 수 있다.

파스타란, 주로 밀가루와 물로 만든 반죽을 소금물에 삶아 만든 요리를 총칭한다. 가장 잘 알려진 스파게티부터 크고 넓적한 라자냐까지 종류만 해도 정말 다양하다.

1) 스파게티(Spaghetti)

스파게티는 얇고 긴 모양을 가진 파스타 면을 지칭하는 단어이다. 이탈리아어로 '실'을 뜻하는 스파고(Spago)에서 파생되어 실처럼 가늘고 길게 생긴 면이 모여 있다는 의미로 스파게티라는 이름으로 불리게 되었다.

2) 탈리아텔레(Tagliatelle)

탈리아텔레는 '자르다'라는 뜻의 이탈리아어 '탈리아레(tagliare)'에서 유래한 이름으로, 면을 납작하고 길게 자른 것이 특징이다.

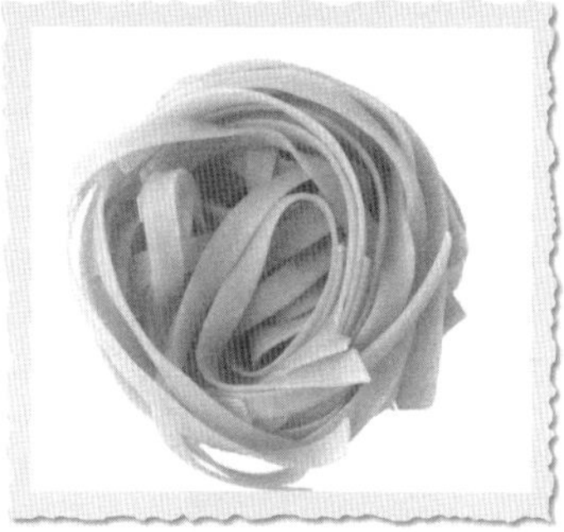

3) 푸실리(Fusilli)

짧고 평평하며 꼬불꼬불한 나사 모양의 푸실리는 반죽 시 재료에 따라 반죽 색깔을 다르게 하여 다양한 색상으로 즐길 수 있는 것이 특징이다. 파스타로도 많이 먹지만, 보통은 샐러드 처럼 간편한 요리로 즐긴다.

4) 파르팔레(Farfalle)

파르팔레(Farfalle)는 나비를 의미하는 이탈리아 단어 'farfalla'에서 파생되었는데 파르팔레는 크기가 다양한 대신 모양만큼은 동일한 것이 특징이다.

5) 펜네(Penne)

펜네는 실린더처럼 원통형으로 생긴 파스타 면을 말하는데, 이탈리아어로 '깃털'을 의미하는 penna의 복수형에서 유래했다. 파스타 샐러드에도 자주 애용되고 모양이 독특하고 예뻐서 여러 형태의 음식에 사용된다

6) 라자냐(Lasagne)

라자냐는 이탈리아어로 '파스타 한 장'을 말하는데, 반죽을 얇게 밀어 넓적한 직사각형 모양을 자른 파스타이다.

♣ 피자(Pizza)

피자는 '납작하게 누른' 또는 '동그랗고 납작한 빵'을 의미하는 그리스어 피타(Pitta)에서 유래되었다는 설이 있다. 페르시아 황제의 병사들이 방패에 밀가루 반죽을 구워 먹은 것이 가장 오래된 유래로 보고 있다. 일반적으로 그리스 로마 시대에 이스트 없이 기름과 식초로만 반죽해 구운 납작한 빵인 마레툼(Maretum)에서 유래했다고 보는 견해가 많다.

피자는 19세기 후반 빈곤으로 어려움을 겪는 이탈리아인이 대거 미국으로 건너오면서 전파가 되기 시작했다. 세계대전 중에도 빵 가게들이 피자를 만들어 팔기 시작했고, 빵에 토마토 퓨레, 오레가노(향신료), 치즈 가루를 얹은 피자를 상품화하게 되었다.

이탈리아의 피자는 남부의 피자와 북부의 피자로 나뉜다.

영화 '먹고 기도하고 사랑하라'(Eat, Pray, Love)에 등장한 남부의 나폴리식 피자(Pizza Napolitana)는 북부에 비해 토핑 등이 빈약한 편이지만, 철저한 인증제를 통한 특산물화로 재료 본연의 맛에 집중하여 뛰어난 식감을 자랑한다. 대표적인 나폴리 피자로는 피자 마리나라(Pizza Marinara)와 피자 마르게리타(Pizza Margherita)가 있다.

Episode 15. I am not checking out

(영화 먹고 기도하고 사랑하라, Eat Pray Love 중에서)

- I am not checking out

Delia: You wanna go away for a year?

(1년 동안 떠나고 싶다고?)

Liz: Do you know what I felt when I woke up, Delia?

(아침에 일어나면 어떤 기분인지 아니? 델리아?)

Nothing. No passion, no spark,

(아무것도 못 느껴. 열정도 없고, 불꽃도 튀지도 않고)

no faith, no heat. Absolutely nothing.

(믿음도, 열기도 없어. 전혀 아무것도 못 느껴.)

I've gotten past the point where I can be calling this a bad moment.

(지금을 안타까운 순간이라고 할 수 있는 지경은 지났어)

And it just terrifies me. Jesus,

(그리고 그것은 나를 두렵게 할 뿐이야, 젠장)

this is like worse than death to me...

(이건 내게 죽음보다 더 끔찍해)

Delia: You know..

(너 알잖아..)

the idea that this is the person I'm gonna be from now on.

(앞으로 내가 이런 사람이 될 거라는 생각이란 거)

This happens to people.
(이건 사람들에게 다 일어나는 일이야)
They fall in love in their 20s, get married...
(20대에 사랑에 빠지고 그리고 결혼하고)
...do the granite countertop, white-picket fence in their 30s...
(화강암 조리대를 설치하고 30대에 하얀색 울타리를 치고:
예쁜 집에서 결혼생활을 하고
...and somewhere they realize, (그리고 어디선가 깨닫지)
'This is not for me.' (이건 나를 위한 것이 아니었어)
So they fail and they fall down,
(그리고 그들은 실패하고 쓰러지고)
they hurt like hell, (지옥처럼 고통을 느끼고..)
they straighten up.... (자세를 가다듬고)
and march their asses to the shrink's office.
(상담사를 찾아가지)
They can't just check out.
(포기할 수는 없잖아)
Liz: I am not checking out. I need to change.
(포기하고 싶은 게 아니야) (난 변화가 필요해)
Delia: You have a support system here, Liz.
(여기 지원 시스템이 있어, 리즈)
You have friends and family who love you.
(너를 사랑하는 친구와 가족이 있잖아)

♣ 표현 익히기

* go away: 집을 떠나다
* Do you know what I felt: 내가 어떤 기분이었는지 알아?
* passion: 열정
* spark: 불꽃
* faith: 신뢰, 믿음
* absolutely: 전혀(부정어와 같이 올 때)
* past the point: 어느 시점이 지나다
* terrify: 겁먹게 하다

♧ terrific: 멋진, 훌륭한

* worse: bad의 비교급

예) This is like worse than death to me.

(이건 내게 죽음보다 더 끔찍해)

♧ 원급: as+형용사 혹은 부사의 원형+ as: ~만큼 ~하다.

예) This soap is as good as the one you made.

(이 비누는 네가 만든 것 만큼 좋다)

♧ 비교급: ~er(more) than (~보다 더 ~하다)

예) This soap is better than the one you made.

(이 비누는 네가 만든 것보다 더 좋다)

♧ 최상급: ~est(most) in + 장소 또는 est(most) of + 복수명사

예) This soap is the best in this store.

(이 비누는 이 가게에서 최고야)

예) This soap is the best of all brands.

(이 비누는 모든 브랜드 중 최고입니다)

* gonna: going to의 비격식 표현

* from now on: 지금부터는

* fall in love: 사랑에 빠지다

♧ fall in love with: ~와 사랑에 빠지다

* in the(소유격) 20s; 20대에

예) You have to live with passion in your 20s.

(20대는 열정으로 살아야 해)

* do the granite countertop, white-picket fence: 직역하면 화강암으로 만든 조리대와 하얀색 울타리이지만 여기서 의미하는 것은 가족과 자녀, 큰 집, 평화로운 삶을 가진 이상적인 중산층 생활을 상징적으로 나타낸다.

* straighten up: 자세를 가다듬다, 깨끗이 정리하다

* march: 단호히 걸어가다. 행진하다

* ass: 멍청이, 엉덩이

* shrink's office: 정신과

* march their asses to the shrink's office. 정신과로 끌려가지, 상담사를 찾아가지.

* check out: 포기하다

* a support system : 가족성원, 동료집단의 주요 성원들, 동료 직원들, 회원 조직과 기관 등이 포함될 수 있다. 정식으로 직접

계약을 맺은 소수의 개인들로 구성된 지원체계는 지원집단(support groups)이라 불리기도 한다.

Episode 16. I'm having a relationship with my pizza

(영화 먹고 기도하고 사랑하라, Eat Pray Love 중에서)

- I'm having a relationship with my pizza

Sofi: I love this place, (난 여기가 좋아)

but Giovanni said to watch out.

(그런데 지오바니가 조심하라고 했어)

His cousin got mugged here in a museum.

(그의 사촌이 여기 박물관에서 강도를 당했어)

Liz: Are you serious? (진짜?)

Sofi: Watch out for the scooter.

(스쿠터 조심해)

Liz: Yeah. (응)

Liz: I'm in love. (난 사랑에 빠졌어)

I'm having a relationship with my pizza.

(난 피자와 연애 중이야)

You look like you're breaking up with the pizza.

(넌 피자와 이별한 것 같네)

What's the matter? (뭐가 문제야?)

Sofi: I can't. (먹을 수 없어)

Liz: What do you mean, you can't? (먹을 수 없다니, 무슨 말이야?)

This is pizza in Napoli.

(이것은 나폴리에 있는 피자야)

It is your moral imperative to eat and enjoy that pizza.

(저 피자를 먹고 즐기는 것은 너의 도덕적 의무야)

Sofi: I want to, but I've gained, like, 10 pounds.

(나도 먹고 싶은데) (그런데 살이 쪘어) (10파운드 정도)

I mean, I've got this….

(내 말은, 내가 이걸 먹으면..)

Right here, on my tummy.

(바로 여기, 내 배에)

What's it called?

(뭐라고 하지?)

What's the word?

(단어가 뭐지?)

Liz: A muffin top.

(머핀탑)

I have one too.

(나도 있어)

Sofi: I unbuttoned my jeans five minutes ago just looking at this.

(이거 보기만 했는데 5분 전에 청바지 단추를 풀었어).

♣ 표현 익히기

* watch out: 위험하니까 조심해

♣ watch out과 be careful (조심해)

우리나라 말로는 똑같이 '조심해'라는 뜻을 가진 두 표현은 약간의 차이가 있다.

watch out: 당장 위험이 닥쳤을 때 경고하는 상황에 사용한다.

예) Watch out for the scooter! (스쿠터 조심해)

be careful: 아직 일어나지 않은, 혹시 모를 상황에 대한 경고이다.

예) Be careful when you cross the street.

(길 건널 때 조심해)

* mug: (특히 공공장소에서) 강도짓을 하다.

♧ get mugged: 노상강도를 당하다

예) His cousin got mugged here in a museum.

(그의 사촌이 여기 박물관에서 강도를 당했어요)

* serious: 심각한

♧ Are you serious?: 믿을 수 없는 상황에서 진짜야? 진심이야? 장난하니?의 의미로 사용한다.

* be in love: 사랑에 빠지다.

♧ be in love와 fall in love

be in love는 알아가면서 사랑이 싹트는 상태가 지속되는 과정 중에 있다면 fall in love는 어느 시점에서 상태의 변화가 있어서 '반했다'는 의미를 가진다.

예) I'm in love with him. (나는 그를 사랑하고 있어)

I can't help falling in love with you.

(당신과 사랑에 빠지지 않을 수 없어요)

* relationship with(between): 연인관계, 두 사람, 두 집단 간의 관계

예) I just have a relationship with her.

(나는 이제 그녀와 연애중이야)

♧ have something to do with: ~와 상관이 있다.

have nothing to do with: ~와 상관이 없다.

예) That might have something to do with it.

(그거랑 관련 있을지도 모르겠네요)

I have nothing to do with the matter.

(나는 그 문제와 상관이 없어요)

* breaking up: 헤어지다, 관계가 끝이 나다.

예) You look like you're breaking up with him.

(너 그 남자랑 헤어질 것 같아)

* matter: 문제, 사건

예) What's the matter? (뭐가 문제야?, 무슨 일이야?)

♧ What's the matter과 비슷하게 사용되는 표현

What's the occasion?

What's the problem?

What's going on?

What's wrong?

* moral: 도덕적

* imperative: 긴요한 것, 의무

♧ 중요하고 시급한 것으로 우선적으로 해결할 일들을 강조할 때 사용한다.

중요한 일 뒤에 붙여서 보통 사용한다.

예) moral imperative: 도덕적 의무

economic imperative: 경제적 의무 (경제적 시급성)

* muffin top: 여성의 치마나 바지 허리 부분 위로 불룩 튀어나오는 뱃살

예) I'm trying to lose this muffin top.

(난 이 뱃살을 빼려고 노력중이야)

* unbutton: 단추를 풀다.

♧ unbuttoned: 격식을 차리지 않는, 편안한

예) I like her unbuttoned teaching style.

Episode 17. Let's get sloshed

(영화 노팅힐, Notting Hill 중에서)

- Let's get sloshed

Tessa: I got completely lost. (완전히 길을 잃었어요)

It's very difficult, isn't it? (정말 어려워요, 그렇지 않아요?)

Everything's got the word 'Kensington' in it.

(모든 단어에 캔싱턴이 들어가 있어요)

Kensington Park Road. (캔싱턴 파크로)

Kensington Garden. (캔싱턴 가든)

Kensington bloody Park Garden. (젠장 캔싱턴 파크 가든)

Max: Tessa, this is Bella, my wife. (테사, 이쪽은 내 와이프, 벨라)

Tessa: Hello. You're in a wheelchair.

(안녕하세요, 휠체어 타고 계시네요)

Bella: Ya, that's right. (네 맞아요)

Max: And this is William. (이쪽은 윌리엄)

Tessa: Hello, William. (안녕하세요, 윌리엄)

William: Hi. (안녕하세요)

Tessa: Max has told me everything about you.

(맥스가 당신에 대해 다 말해 줬어요)

William: Has he? (그랬어요?)

Tessa: Oh, yes. (네)

You are a naughty boy. (장난꾸러기라고 하던데요)

Max: Wine? (와인)

Tessa: Oh, yes, please. (네 주세요)

Come on, Willie. (자, 윌리)

Let's get sloshed. (우리 취해봐요)

Max: Red or white? (레드?, 화이트?)

Tessa: Red. (레드)

Max: Keziah, some woodcock?

(케자야. 맷도요 드릴까요?)

Keziah: No, thank you. I'm a fruitarian.

(아뇨, 됐어요, 전 과일주의자에요)

Max: I don't realize that. (몰랐어요)

William: And ahm .. what's a fruitarian exactly?

(아~ 과일주의자가 뭐지요?)

Keziah: We believe that fruits and vegetables have feels.

(우리는 과일과 채소가 감정이 있다고 생각해요)

So we think cooking is cruel.

(그래서 요리는 잔인하다고 생각해요)

We only eat things that have actually fallen from the tree or bush...

(나무나 덤불에서 떨어진 것만 먹어요)

that are, in fact, dead already.

(이미 죽은 것들이니까요)

William: Right. Right. (맞네요)

Interesting stuff. (재미있네요)

So these carrots... (그럼 이 당근들은)

Keziah: Have been murdered, yes. (살해된 거지요)

William: Murdered? (살해?)

Poor carrots. (가여운 당근들)

How beastly. (참 끔찍하네요)

♣ 표현 익히기

* naughty: 장난꾸러기,
* sloshed: 술 취한

예) I was sloshed and really happy.

(나는 술에 취했고 정말 행복했었다)

* some woodcock?: 새고기 좀 드실래요?
* I don't realize that: I don't know : I have no idea (몰라요)
* fruitarian: 과일만 먹는 사람

비교) vegetarian: 채식주의자

* We only eat things that have actually fallen from the tree or bush.

- have actually fallen: 사실상 나무나 덤불에서 떨어진 것

♧ 현재완료(have+p.p.) 느낌 잡기: 네이티브들이 현재완료를 사용해 시간개념을 잡는다.

예) I lost my bag: 과거의 어느 때 가방을 잃어버렸다.

I have lost my bag: 과거의 어느 때 가방을 잃어버렸고 지금도 없는 상태이다. 현재 완료는 과거에서 지금에 이르러 연결된 상태(과거+현재)를 나타내는는 시제로 한국어에는 없는 시제라서 정확한 이해가 필요하다.

* beastly: 끔찍한

♧ How를 이용한 감탄문:

1) How + 형용사 (+ 주어 + 동사)

예) How easy this test is!

(시험 너무 쉬운데!)

2) How +부사 (+ 주어 + 동사)

예) How lovely!

(정말 사랑스러워!)

♧ What을 이용한 감탄문:

What + a(관사) + 형용사 + 명사 (+ 주어 + 동사)

예) What a nice car it is!

(정말 좋은 차구나!)

• H-reduction

영어 발음할 때, 문장 어두에 [h]가 있으면 [h]가 제 음가로 소리를 내지만 문장 중간에 위치할 때는 [h]가 발음되지 않고 생략되는데 이러한 현상을 H-reduction(H묵음) 이라고 한다.

call + (h)im [콜림]

should (h)ave [슈러브]

Is he busy? [iz-hi-bizi] → [iz-i-bizi] [이지비지?]

자~ 유의해서 발음해 볼까요

used to have [ju:st həv] → [ju:stəv]

what [hwət] → [wət]

some of his books [səm əv his] → [səm əvis]

Vegetarian

Vegetarian(채식주의자): 동물의 고기 등 동물성 식품을 제외하고, 과일, 곡식, 채소 등 식물로 된 음식을 먹는 사람을 말한다.

채식주의자도 다양해서 그 분류도 다양하다.

1) 비건(Veganism): 순수 채식주의자를 말한다. 고기와 생선은 물론이고 달걀, 우유, 벌꿀 등 동물에서 나온 모든 음식을 거부한다. 단 모유만 허용한다.
2) 락토(Lacto vegetarianism): 비건의 먹을 수 있는 음식들과 유제품이 추가된다. 우유를 비롯한 치즈, 버터, 크림, 요구르트를 먹을 수 있다.
3) 오보(Ovo vegetarianism): 비건의 먹을 수 있는 음식들과 계란이 추가된다.
4) 락토-오보(Lacto-Ovo): 락토와 오보를 더한 의미이다. 락토-오보 채식주의는 계란과 유제품을 먹는 것을 허용한다.
5) 세미 베지테리언(Semi vegetarianism): 육류를 제외한 모든 식품을 먹을 수 있다. 보통 채식주의의 가장 첫 단계로 분류되기도 한다.
6) 페스코(Pescetarianism): 비건의 먹을 수 있는 음식들과 우유, 계란 등의 알류, 어류와 해산물을 더 포함한다. 육류, 가금류를 제외한 모든 음식을 섭취한다고 볼 수 있다.
7) 플렉시테리안(Flexitarianism): 기본적으로 채식을 하며 허용된 기준 안에서만 육식을 할 수 있다. 예를 들어 비윤리적 대량 생산된 고기 등은 먹지 않는다.

8) 프루테리언(Fruitarianism): 과실주의, 과일주의로 번역된다. 비건보다도 더 심하게 과일과 견과류만을 허용하는 채식주의자의 극단이라고 볼 수 있다. 식물도 생명이기 때문에 먹으면 안 되고, 오로지 식물이 우리에게 허용한 것들만 먹어야 한다고 주장하며 심지어 과일을 직접 따서도 안 되고 자연적으로 땅에 떨어진 과일만 먹어야 한다는 주장도 한다.

동물권(animal rights), 식물권(plant rights)에 관한 윤리적 동기로 인하여 시작했지만 그 기준에 관한 정의는 다소 복잡하다.

• She

– Elvis Costello –

She may be the face I can't forget
그녀는 내게 잊지 못할 얼굴일 수도 있어요.
a trace of pleasure or regret
즐거움의 흔적, 아니면 후회의 흔적일 수도 있어요.
may be my treasure or the price I have to pay
내 보물일 수도 있고, 내가 치러야 할 댓가일 수도 있어요.

She may be the song that summer sings
그녀는 여름이 부르는 노래일 수도 있고
may be the chill that autumn brings
가을에 오는 서늘함일 수도 있어요.
may be a hundred different things within the measure of a day.
하루를 지내며 겪는 수백 가지의 것들일 수도 있어요.

She may be the beauty or the beast
그녀는 미녀이거나 야수일 수도 있고
may be the famine or the feast
기근일 수도, 축제일 수도 있고
may turn each day into a heaven or a hell
천국이 될 수도, 지옥이 될 수도 있죠.

She may be the mirror of my dreams
그녀는 내 꿈의 거울일 수도 있어요.
a smile reflected in a stream
시냇물에 비치는 미소일수도 있구요.
She may not be what she may seem inside her shell
그녀의 내면은 겉모습과는 다를 수도 있어요.

She who always seems so happy in a crowd
사람들 속에서는 항상 행복해 보이는 그녀는
whose eyes can be so private and so proud
눈이 비밀스럽고 자신감이 넘쳐요
no one's allowed to see them when they cry
아무도 그녀가 우는 것을 볼 수 없죠.

She may be the love that cannot hope to last
그녀는 영원하길 바랄 수 없는 사랑일 수도 있고
may come to me from shadows of the past
과거의 그림자로부터 나에게 올 수도 있어요.
that I'll remember till the day I die
내가 죽는 날까지 기억할 나의 과거요

She maybe the reason I survive

그녀는 내가 살아가려는 이유일 수도

The why and wherefore I'm alive

내가 살아 있는 이유며 까닭일 수도

The one I'll care for through the rough and rainy years

험난한 날들에 내가 돌보아 줄 사람일 수도 있어요.

Me, I'll take her laughter and her tears and make them all my souvenirs

난 그녀의 웃음과 눈물을 가져다가 내 기념품으로 삼겠어요.

And where she goes I've got to be

그녀가 가는 곳이 바로 내가 가는 곳이기 때문이죠.

The meaning of my life is She.... She Oh, she....

내 삶의 의미, 바로 그녀에요

07 This is My First Class as a Serious Law Student

Key expression

I single-handedly organized.
(혼자 힘으로 조직했어)
We're gonna have recess all the time.
(우리는 항상 휴식시간을 가질 거야)
The law leaves much room for interpretation.
(법은 해석의 여지가 있지)

- Blonde hair (금발머리)

고대 그리스와 로마인들은 켈트와 북유럽 사람들의 금발 머리에 매혹되어 아마포로 가발을 만들어서 이들의 모발을 흉내내곤 했다. 지중해 지역의 사람들은 머리칼을 표백하거나 노예가 된 독일인이나 켈트인들의 모발로 만든 가발을 구입하기도 하였는데 특히 고급 매춘부들 사이에서 이런 유행이 많았다고 한다. 빨강과 금발 머리가 창녀와 연관되었기 때문에 상류계층의 여자들은 옅은 색 머리칼을 지닌 여인을 경멸하였다. 중세 유럽에서는 사람들이 자신이 속한 계층과 결혼하는 경우가 대부분이었으며, 오랜 시간 햇빛에 노출이 많았던 하층 계급 사람들 사이에서 금발의 비율이 높았다. 그래서 중세 시대에 금발 머리는 겉보기로도 지적 능력이 다소 떨어지는 평민 계층과 연관지어서 평가받았다고 한다.

금발 머리가 어리석다는 생각은 북유럽인들은 야만인이고, 남유럽인들보다 뒤떨어진다는 그리스와 로마인들의 편견이라고 볼 수 있다. 화장과 모발 염색을 매춘과 결부시켜서 본 청교도들은 머리칼을 염색하거나 표백하는 걸 금지시켰으며, 1920년대 후반까지도 북미와 유럽에서 머리칼을 염색하는 행위는 미묘한 문화적 타부였다.

20세기가 시작되면서 서양 계층에서는 머리를 금발로 물들인 여성들은 재정적으로 기반이 잘 잡혀있지만, 이미 결혼을 한 남자들을 유혹하려고 시도하는 골드 디거(gold diggers)라는 부정적인 이미지가 덧씌워졌다. 이런 고정관념은 가난하고 못 배운 여자들이 생계를 유지하려고 자신들의 외모를 이용해 돈을 벌기 위하여 머리칼을 금발로 표백하는 것으로 여겨졌다.

Episode 18. I single-handedly organized

(영화 금발이 너무해, Legally Blonde 중에서)

- I single-handedly organized

Leader of circle: OK. Welcome to law school.

(법대에 온 것을 환영합니다)

This is the plan where we go around in a circle and everyone says a little bit about themselves.

(돌아가면서 자기 자신에 대해 조금씩 말할 계획인데)

Let's start with you.

(그럼 너부터 시작해 볼래)

David: My name is David Kidney.

(내 이름은 데이비드 키드니야)

I have a Master's in Russian literature, a PhD in biochemistry,

(러시아 문학 석사 학위와 생화학 박사 학위가 있고)

and… for the last 18 months, I've been deworming orphans in Somalia.

(지난 18개월 동안 소말리아에서 고아들 구충 작업을 해왔어)

Student1: Awesome. (대박이다)

What about you? (너는?)

Enid: Hey. How you doing? I'm Enid Wexler.

(안녕, 나는 이니드 웩슬러야)

I got a PhD. from Berkeley in women's studies...

emphasis in the history of combat...

(버클리 대학에서 전투사 전공 여성학 박사학위를 받았어)

and last year, I single-handedly organized...

the march for Lesbians Against Drunk Driving

(작년에는 음주운전 반대 레즈비언 행진을 혼자 힘으로 조직했어)

Classmate: Killer. (대단해)

Enid: Thanks. Good times. (고마워. 좋은 시간이었어)

Aron: Aron Mitchell. I graduated first in my class from Princeton.

(아론 미첼, 나는 프린스턴 대학교를 수석 졸업했어)

I have an I.Q. of 187 (아이큐가 187이고)

and it's been suggested that Stephen Hawking...

stole his Brief History of Time from my fourth grade paper.

(스티븐 호킹이 내 4학년 논문에서 자신의 '시간의 역사'를 훔쳤다는 주장이 나왔지)

Classmate: Cool. (끝내준다)

Elle: Me? (나?)

Classmate: Yeah. (응)

Elle: Hi. I'm Elle Woods and this is Bruiser Woods...

(안녕, 난 엘렌 우드, 여긴 브루저 우드)

and we're both Gemini vegetarians.

(그리고 우리는 둘 다 쌍둥이자리 채식주의자야)

I have a bachelor's degree in fashion merchandising from

UCLA, (UCLA 의류 상품학 학사 학위를 가지고 있고)
and I was a Zeta Lambda Nu sweetheart...
president of my sorority, Delta Nu...
and last year, I was homecoming queen.
(나는 작년에 여학생 클럽인 Delta Nu의 Zeta Lambda Nu 연인 회장이었지)
Two weeks ago I saw Cameron Diaz at Fred Segal...
(2주 전 Fred Segal에서 카메론디아즈를 보았는데)
and I talked her out of buying this truly heinous angora sweater.
(이 흉측한 앙고라 스웨터를 사지 말라고 말렸어)
Whoever said orange was the new pink was seriously disturbed.
(오렌지를 새로운 핑크라고 말하는 사람은 누구든지 진짜 문제가 있다고 봐)

♣ 표현 익히기

* go around in a circle: 원을 그리며 돌다.
  예) Let's go around in a circle.
  (돌아가면서 해보자)

* Master's: 석사 학위

♣ 미국의 학위제도

1) Associate's Degree (준학사): 주니어 칼리지,
커뮤니티 칼리지 그리고 2년제 대학에서 취득한다.
A. A (Associate in Art): 인문계 취득
A. S (Associate in Science): 이공계 취득
2) Bachelor's Degree (학사): 4년제 대학과정을 수료
후에 취득한다. B. A (Bachelor's of Art): 인문계 취득
B. S (Bachelor's of Science): 이공계 취득
이외의 전문학위: BFA (미술) BM (음악) BArch
(건축) BSN (간호)
3) Master's Degree: 대학원 석사 과정을 이수 후 취득한다.
M. A (Master's of Art): 인문계 취득
M. S (Master's of Science): 이공계 취득
이외의 전문학위: MFA (미술) MM (음악)
MBA (경영) MED (교육)
4) Doctor's Degree: 대학원 석사 과정을 이수 후 취득한다.
PhD (Doctor of Philosophy)

* deworming: 구충
* awesome: 굉장한, 대박
* suggest: 제안하다.

♧ suggest, offer 그리고 propose의 올바른 쓰임
suggest: 즉흥적이고 간단한 아이디어 제시
(give some ides)
예) May I suggest a red wine with this dish?
(이 요리에는 적포도주를 제안해도 될까요?)

▶ offer: 무언가를 주려고 제안하는 행위 (give something)

예) I can offer you a position at this time.

(내가 지금 일자리를 마련해 드릴 수 있어요)

▶ propose: 계획 생각 등에 대한 공식적 제의, 건의 (suggest officially)

예) What are you going to propose now?

(무엇을 제의할 예정이신가요?)

* combat: 전투, 싸움
* emphasis in the history of combat: 투쟁의 역사를 주안점으로
* single-handedly: single-handed: 혼자서, 단독으로, 쉽게

예) She took care of three children single-handedly

* Lesbians: 여자 동성애자

비교) gay: 남자 동성애자

* against: 반대하여, 맞서
* drunk driving: 음주운전
* I graduated first in my class: 우리 반에서 수석으로 졸업하다.
* killer: 죽이는군, 대단해
* Stephen Hawking: 스티븐 호킹(물리학자)
* cool: 멋지다.

♧ cool의 사용

1) 냉철하다, 침착하다:

예) During the emergency, we should keep cool

(긴급상황에서, 우리는 침착해야만 한다

2) 끝내주다, 멋지다:

A: I bought a movie ticket for you.

Let's go together.

B: Oh, cool.

3) O.K. yes. (누군가의 의견에 동의할 때):

A: I won't be here tomorrow, is it O.K.?

B: Oh, cool.

* merchandising: 판매, 판촉

* homecoming queen: 동창회 여왕

► Prom Queen: 프롬 여왕

(prom: 고등학교 졸업 파티)

* talked her out of buying: talk someone out of ~:

~하는 것을 말리다. 그녀가 ~사는 것을 말리다.

* heinous: 형편없는

* disturb: 방해하다, 문제가 있다

예) Whoever said orange was the new pink was seriously disturbed.

(누구든지 오렌지를 새로운 핑크로 말하는 사람은 진짜 문제가 있지요)

Episode 19. We're gonna have recess all the time

(영화 스쿨 오브 락, The school of Rock 중에서)

- We're gonna have recess all the time

Dewey Finn: When's the end of the day?

(일과가 언제 끝나지요?)

Ms. Mullins: We commence at 8:15, school lets out at 3.

(우리는 8시 15분에 시작하고, 학교는 3시에 끝납니다)

Dewey Finn: You know what? (그런데요)

Do you think I could cut out a little early today?

(오늘 제가 일찍 가도 될까요?)

I got some stuff I gotta do. (할 일이 좀 있어서요)

It's cool. I can stay. (됐어요, 있을게요)

Ms. Mullins: Mr. Schneebly... (미스터 슈니블리)

...this is considered the best elementary school in the state,

(여기는 주에서 가장 좋은 초등학교로 알려져 있습니다)

and we maintain that by adhering to a strict code of conduct, faculty included.

(우리는 엄격한 행동 강령을 준수함으로써 그것을 유지하고 있으며, 교사들도 마찬가지입니다)

Dewey Finn: Don't worry about me. (걱정마세요)

I'm a hard-ass. (저도 엄한 사람이에요)

If a kid gets out of line, I got no problem smacking him.

(애들이 선을 넘으면 때리는 데 문제가 없습니다)

Ms. Mullins: No, no. We don't use corporal punishment here.

(아니요 안돼요. 여기서는 체벌을 하지 않습니다)

Dewey Finn: OK, so just verbal abuse?

(네, 그래서 말로만 하나요?)

Ms. Mullins: Mr. Schneebly. If you have any problems with any students, send them to me.

(미스터 슈니블리, 만약 학생들에게 문제가 생기면 저한테 보내세요)

I will do the disciplining.

(제가 훈육을 하겠습니다)

Dewey Finn: Check. (알겠어요)

Ms. Mullins: Children. (여러분)

Please take your seats. (자리에 앉으세요)

I'd like to introduce Miss Dunham's substitute.

(미스 던햄의 후임 선생님을 소개할게요)

This is Mr. Schneebly.

(슈니블리 선생님)

Why don't you write your name on the board.

(칠판에 이름을 쓰시면 어떨까요)

Dewey Finn: Yes, I will. (네 그러지요)

You know what? (그런데)

Why don't you all just call me "Mr. S".

(그냥 S 선생님이라고 부르면 어때요?)

Ms. Mullins: Mr. S has never taught here at Horace Green,

(S 선생님은 이곳 호레이스 그린에서 가르친 적이 없으시니까)

so I want you all to be on your best behavior.

(그러니까 다들 예의 바르게 행동하세요)

So the curriculum is on the desk.

(책상 위에 커리큘럼 있어요)

And do you have any questions?

(질문 있으세요?)

Dewey Finn: Yeah, when's lunch? (네 점심은 언제 먹지요?)

Ms. Mullins: The children just had their lunch.

(학생들은 방금 먹었어요)

Is there anything else you need?

(더 필요하신 것 있으세요?)

♣ 표현 익히기

* the end of: ~의 끝, ~의 말

예) at the end of the month: 월말에

at the end of the year: 년말에

* commence: 시작하다

* cut out: 잘라내다, 오려내다

* stuff: 일 (=thing)

* cool: 진정하다, 식히다

* maintain: 유지하다, 지키다

* adhere: 고수하다

* strict: 엄격한

* code: 규약, 관례

♧ dress code: 복장 규정

예) The school has a strict dress code.

(학교는 복장 규정이 매우 엄격하다)

* faculty: 교직원

* hard-ass: 냉혹한, 융통성 없는

* smack: 때리다,

* corporal: 신체적

* punishment: 처벌, 채벌

* verbal: 언어적

* abuse: 남용, 욕

예) verbal abuse: 악담

* discipline: 훈육하다
* substitute: 대리, 대체
* curriculum: 교과과정

Episode 20. The law leaves much room for interpretation

(영화 금발이 너무해, Legally Blonde 중에서)

- The law leaves much room for interpretation

David: Aristole. (아리스톨)

Professor: Are you sure? (확실합니까?)

David: Yes. (네)

Professor: Would you be willing to stake your life on it?

(목숨을 걸 의향이 있나요?)

David: I think so. (네)

Professor: What about… (이건 어때)

David: OW…(오우)

Professor: his life?? (그의 목숨)

David: I don't know. (모르겠습니다)

Professor: Well.. I recommend knowing before speaking.

(음..말하기 전에 내가 알고 있는지를 아는 것이 좋습니다)

The law leaves much room for interpretation…….

(법은 해석의 여지가 많거든요)

but very little for self-doubt. And you were right.

(그러나 자신을 의심할 이유는 없습니다. 그리고 학생이 았어요)

It was Aristotle. (아리스톨입니다)

Students: Good job. (네 좋아요)

Professor: Now, I assume all of you have read pages one through 48,

(자, 여러분 모두 1페이지부터 48페이지까지 읽으셨을 겁니다)

and are now well-versed in subject matter jurisdiction.
(이제 주제 관할권에 정통하게 되었습니다)
Who can tell us about Gordon v. Steele?
(누가 고든과 스틸에 대해 말해줄래요?)
Let's call on someone from the hot zone.
(핫존에 있는 사람을 불러봅시다)
Elle Woods? (엘 우즈?)

Elle: Oh…. Actually, I wasn't aware that we had an assignment.
(아…. 사실, 저는 과제 있는 것을 몰랐습니다)

Professor: Oh.. Vivian Kensington. (오 비비안 켄싱턴)
Do you think it's acceptable that Ms. Woods is not prepared?
(당신은 우즈 양이 준비가 안 된 것이 허용될 수 있다고 생각하나요?)

Vivian: No. I don't. (아니요 허용할 수 없습니다)

Professor: Would you support my decision to ask her to leave class,
(수업에서 나가라고 한 제 결정을 지지해 주시겠어요?)
and to return only when she is prepared?
(그리고 준비되었을 때만 돌아오도록?)

Vivian: Absolutely. (그럼요)

Professor: Now, Ms. Kensington………

(자 그럼, 켄싱턴 양)

Did diversity jurisdiction exist in this case?

(이 경우에 다양성 관할권이 존재했나요?)

Vivian: No, it did not. (아니요, 존재하지 않았습니다)

Professor: Good. However, in the case of………

(좋아요, 그러나 어떤 경우에는....)

♣ 표현 익히기

* be willing to: 기꺼이 ~할 생각이 있다.

* stake on: 목숨이나 돈 따위를 ~에 걸다.

    = bet

* recommend: 추천하다, 권하다

* room: 여지, 방, 공간

    예) There could be no room for silence.

    (침묵의 여지가 없을 것이다)

* interpretation: 해석, 설명

* little: 거의 없다.

    ♧ few와 little의 쓰임

    1) few와 a few는 셀 수 있는 명사에 쓰인다.

    little과 a little은 셀 수 없는 명사에 쓰인다.

    예) I have a few good friends.

    (나는 좋은 친구가 몇 있다)

    I had little money. (나는 돈이 거의 없었다)

    2) a few와 a little은 긍정 의미고,

    few와 little은 부정 의미다.

    예) A Few people understand her.

    (몇몇 사람들이 그녀를 이해한다)

    Few people understand her.

    (그녀를 이해하는 사람은 거의 없다)

I have a little money. (나 돈이 좀 있어)

There's little money left. (남은 돈이 거의 없다)

* self-doubt: 자기 회의, 자기 의심

* good job: 훌륭해, 잘했어! 칭찬이나 격려에 사용한다.

* assume: 사실일 것으로 추정하다

♧ assume과 presume

1) assume은 증거 없이 어떤 것이 사실일 거라고 추정하다.

2) presume은 증거나 사실적인 가능성에 근거해 사실일 거라고 추정하다.

예) I assume that you did your assignment.

(나는 여러분이 과제를 했을거라고 생각합니다)

I presume you speak English quite well since you have lived in England for a long time.

(영국에서 오래 살았으니 넌 영어를 꽤 잘할 거야)

* well-versed: ~에 정통한, 익숙한

* jurisdiction: 사법권, 관할권

* v.: versus의 축약형, …~에 비해, ~와 대조적으로

* assignment: 과제, 업무

• Weak vowel transfer

같은 의미단락 내에서 뒤에 나오는 단어의 첫 음절이 약모음 [ə]로 시작되는 경우에 이 약모음이 앞 단어의 끝 자음으로 이동하여 발음하는 현상을 약모음이동(weak vowel transfer)이라고 한다.

자~ 유의해서 발음해 볼까요

Getting off to a quite → [tuə]

As a serious law student → [ǽzə]

Two weeks ago → [wiːksə] [góu]

President of my sorority → [prézədəntə] [mai]

프롬(prom)

Prom은 프롬나드(Promenade)의 약칭으로, 미국과 캐나다의 고등학교 학년 마지막으로 열리는 공식적인 졸업 파티를 말한다.

남녀학생 모두 드레스와 턱시도 등 정장차림으로 최고의 멋을 뽐내며 공식적으로 데이트를 할 수 있는 날이라 대다수의 고등학생들에게는 큰 행사이다.

한국은 대학 진학률이 80% 이상인데 비해 미국은 40% 정도이고 대학 진학때도 집에서 멀리 떨어진 대학을 가는 경우도 많고, 집에서 가까워도 기숙사 생활을 하는 경우가 대부분이라 사실, 고등학교 졸업은 미국 학생들에게는 집과 부모의 보호로부터 '독립'을 의미한다. 그래서 한국과는 다르게, 미국인들은 고등학교 졸업식을 대단히 중요한 이벤트로 기념한다.

Greatest love of all

– Whitney Houston –

I believe the children are our future

난 아이들이 우리의 미래라고 믿어

Teach them well and let them lead the way

잘 가르치고 앞장서게 해야 해

Show them all the beauty they possess inside

그들 안에 가진 모든 아름다움을 보여줘

Give them a sense of pride to make it easier

그러기 쉽게 자부심을 주고

Let the children's laughter

아이들의 웃음이

Remind us how we used to be

우린 어땠는지 기억나게 해

Everybody's searching for a hero

모두들 영웅을 찾지

People need someone to look up to

사람은 본받을 사람이 필요해

I never found anyone who fulfilled my needs

난 그 필요를 채워줄 누구도 찾지 못했지

A lonely place to be

외로운 곳을 채우지 못했어

And so I learned to depend on me

그래서 난 스스로에게 의지하는 걸 배웠지

I decided long ago

오래전에 결심했지

Never to walk in anyone's shadows

누구의 그림자 속에서도 걷지 않기로

If I fail, if I succeed

내가 실패하든, 성공하든

At least I'll live as I believe

적어도 난 내가 믿는 대로 살 거야

No matter what they take from me

그들이 내게서 뭘 빼어가든

They can't take away my dignity

내 긍지를 빼어가진 못해

Because the greatest love of all

왜냐하면 가장 위대한 사랑이

Is happening to me

내게 일어나고 있거든

I found the greatest love of all inside of me

가장 위대한 사랑을 내 속에서 찾았어

The greatest love of all is easy to achieve

가장 위대한 사랑은 하기 쉬워

Learning to love yourself

스스로를 사랑하는 걸 배워

It is the greatest love of all

그게 가장 위대한 사랑이야

I believe the children are our future

난 아이들이 우리의 미래라고 믿어

Teach them well and let them lead the way

잘 가르치고 앞장서게 해야 해

Show them all the beauty they possess inside

그들 안에 가진 모든 아름다움을 보여줘

Give them a sense of pride to make it easier

그러기 쉽게 자부심을 주고

Let the children's laughter

아이들의 웃음이

Remind us how we used to be

우린 어땠는지 기억나게 해

I decided long ago

오래전에 결심했지

Never to walk in anyone's shadows

누구의 그림자 속에서도 걷지 않기로

If I fail, if I succeed

내가 실패하든, 성공하든

At least I'll live as I believe

적어도 난 내가 믿는 대로 살 거야

No matter what they take from me

그들이 내게서 뭘 뺏어가든

They can't take away my dignity

내 긍지를 뺏어가진 못해

Because the greatest love of all

왜냐하면 가장 위대한 사랑이

Is happening to me

내게 일어나고 있거든

I found the greatest love of all inside of me

가장 위대한 사랑을 내 속에서 찾았어

The greatest love of all is easy to achieve

가장 위대한 사랑은 하기 쉬워

Learning to love yourself

스스로를 사랑하는 걸 배워

It is the greatest love of all

그게 가장 위대한 사랑이야

And if, by chance, that special place

그리고 만약, 뜻밖에, 그 특별한 장소가

That you've been dreaming of

네가 꿈꿔온 그곳이

Leads you to a lonely place

널 외로운 자리로 이끈다면

Find your strength in love

사랑에서 네 힘을 찾아

08 Show Us Who You Are with a Cover-letter Video

Key expression

That's all there is.
(그것이 전부에요)
Looks like you're stuck with me.
(저한테 꽉 잡혀 계신 것 같네요)
I came to New York to be a journalist
(나는 기자가 되기 위해 뉴욕에 왔어요)

- Work, Job 관련한 영어 Expressions!

♧ **Work**: 크게 두 가지로 의미를 나눌 수 있는데

1) 직장, 일터의 의미

2) 직장에서의 모든 일을 의미한다. 보수를 받지 않는 활동도 포함하고 있다.

♧ **Job**: 1) 업무 즉 duty, responsibility를 나타낸다. 혹은 일하고 있는

2) 직장을 의미하기도 한다. 그러나 work의 한 부분을 말한다. Job은 '일, 직장, 업무'라는 포괄적 의미로 사용한다.

♧ **Occupation**: 종사하는 일. 공통의 특성을 갖는 모든 특정 직업의 총체로 다소 포괄적인 개념으로 인적사항을 물어볼 때 쓰인다.

♧ **Profession**: 전문직을 의미하며 오랜 시간의 교육과 특별한 훈련을 요하는 의사나 변호사 등의 직업을 말한다.

♧ **Vocation**: 일상적인 직업 또는 주업으로 개인이 생계를 위하여 지속적으로 수행하는 경제활동 등을 말한다.

♧ **Business**: self employed의 경우처럼 일을 하는 어떤 실제적인 것을 의미한다. 물건을 사고 파는 일처럼 어떤 일을 일정한 목적과 계획을 가지고 짜임새 있게 지속적으로 경영하는 것을 말한다.

♧ **Employment**: 고용자와 피고용자라는 고용 관계를 중심으로 바라본 일반적인 직업으로 일자리를 말한다.

♧ **Position**: 같은 직장에 다니는 다른 사람과의 관계, 특히 지위, 일자리 등을 말한다.

♧ **Internship**: 고용의 한 형태로서 짧은 기간 동안 회사에 입사해 일을 하게 되는 사람들을 말한다. 기업이 특정 기간 동안 업무를 할 기회를 제공하고 인턴에 선발된 사람들이 회사에서 요구하는 업무를 수행하는 것인데 종종 인턴 제도를 통해 인재를 발굴하는 통로가 되기도 한다.

♧ **Run an errand**: 사소한 일을 처리하다. 심부름하다.

Episode 21. That's all there is

(영화 인턴, Intern 중에서)

- That's all there is

Petty: Ben, I thought that was you. Hi.

(벤 당신인줄 알았어요, 안녕)

Ben: Hey. (이봐요)

Petty: What'd you find?

(뭘 찾았어요?)

Ben: I think an Internet place is looking for senior interns.

(인터넷 업체에서 시니어 인턴을 구하고 있다나 봐요)

Am I reading this right?

(제대로 읽은 거지요?)

Petty: Let me see.

(어디 봐요)

"Applicants must be over 65 years of age, have organizational skills, a genuine interest in e-commerce," whatever that is, "and a roll-up-your-sleeves attitude."

(지원자는 65세 이상이어야 하며, 협업 능력을 갖추고, 전자 상거래에 대한 관심과," 그게 뭔진 모르겠지만 "그리고 적극적인 태도가 필요하고")

Ben: AboutTheFit.com, isn't that the Outfit that was...

(AboutTheFit.com, 그거 의류.. 아니야?)

Petty: Yeah, yeah, yeah. (맞아요)

They bought one of those old factories in Red Hook.

(레드 훅에 있는 오래된 공장을 매입한 업체지요)

My daughter says they sell clothes on the Internet.

(내 딸이 인터넷에서 옷을 파는 회사랬어)

How that works, I have no idea.

(어떻게 일하는진 모르겠지만)

Ben: Well, you have to upload the application.

(지원서를 업로드해야 하는데)

That could be challenging.

(이게 어려울 것 같아요)

Listen to this, Cover letters are so old-fashioned.

(이거 들어보세요, 커버레터는 구식이니까)

Show us who you are with a cover-letter video.

(당신이 누구인지 자기소개 동영상을 통해 보여주세요)

Upload your video to YouTube or Vimeo using .mov, avi, or a .mpg file.

(.mov, .avi 또는 .mpg 파일을 사용하여 비디오를 YouTube 또는 Vimeo에 업로드하세요)

We look forward to meeting you.
(꼭 만나길 바래요)
Well, I guess that's meeting me.
(딱 나를 두고 하는 말인 것 같군)

♣ 표현 익히기

* look for: ~를 찾다.

* applicant: 지원자

♧ apply

1) apply for: 지원하다, 신청하다

예) I'd like to apply for the position.

(그 일자리에 지원하고 싶어요)

2) apply to: 적용하다

예) The rule doesn't apply to part time workers.

(그 규칙은 시간제 근무자들에게는 적용이 안된다)

* organizational skills: 조직기술, 협업능력

* genuine interest: 진심어린 관심,

* e-commerce: 전자상거래(electronic commerce) 약자, 라인 네트워크를 통해 상품과 서비스를 사고파는 것

* roll up your sleeves: 적극적인, 열정이 넘치는, 의욕적인

* I have no idea: 모르겠어요(I don't know)

* Cover letter: 간단한 자신의 프로필, 회사나 업무에 관한 관심도나 할 수 있는 능력 등을 적은 문서.

♣ Cover letter 기본 구성

1) 인사: 채용 담당자나 부서에 격식 있는 인사

2) 소개: 담당자의 눈길을 끌 수 있는 자기소개, 지원목적

3) 본문: 자기 경력과의 연계, 성취도, 능력, 기량, 학력 등
강조하고 싶은 내용을 간략하지만 눈에 띄게 표현

4) 마무리: 언제든지 인터뷰에 응할 수 있음을 강조하는 문구

* meet: 충족시키다

♧ meet the deadline: 마감일을 맞추다.

Episode 22. Looks like you're stuck with me

(영화 내 남자친구의 결혼, My best friend's wedding 중에서)

- Looks like you're stuck with me

Jules: Okay. Well, then looks like you're stuck with me.

(좋아요. 저한테 꽉 잡혀버리신 것 같네요. 잘 됐네요)

Ben: Great, I'm excited.

(기대됩니다)

Jules: I will e-mail you when I have something for you to do.

(지시사항은 이메일로 보낼게요)

Ben: Or I could just stop by a few times a day, check in...

(아니면 매일 여기 몇 번씩 들러서 확인하겠습니다)

Juels: I'll e-mail you.

(이메일로 보낼게요)

Also, don't feel like you have to dress up.

(그리고 정장 안 입으시면 돼요)

I mean, we're super cas here.

(제 말은, 매우 캐주얼한 분위기라서 말이죠)

Ben: Well, I'm comfortable in a suit, if it's okay.

(난 정장이 편합니다, 괜찮겠죠?)

Jules: No, it's fine. Old-school.

(네 괜찮아요, 구식이긴 하지요)

Ben: Exactly. At least I'll stand out.

(네, 적어도 눈에 잘 띄지요)

Jules: I don't think you need a suit to do that.

(옷으로 두드러질 필요는 없지요)

Ben: True. Well, I think we did it in less than two minutes.

(맞아요. 2분도 안 돼서 끝난 것 같은데요)

I'll wait to hear from you.

(지시사항 기다리겠습니다)

Jules: Okay.

(네)

Ben: Want the door open or closed?

(문 열어둘까요, 닫을까요?)

Jules: Doesn't matter.

(상관없어요)

Open, actually. You'll get used to me.

(아니, 열어두세요. 곧 익숙해지실 거예요)

Ben: Look forward to it.

(기다리겠습니다)

♣ 표현 익히기

* look like: ~할 것 같다, ~인 것처럼 보이다

* stuck: 갇힌, 빠져나갈 수 없는

* be stuck with~: ~에 옴쭉 못하다, 쩔쩔매다

* stop by: come by: drop by: 들리다

* a few times: (=several times, two or three times) 몇 번씩

♧ a few times a day 하루에 몇 번씩

* feel like: ~한 것 같아요. ~한 느낌이 있다.

* dress up: (보통 때보다 더) 옷을 갖춰입다, 격식을 차려입다

* super cas: cas (casual) 완전 캐주얼하다

* in: 의상, 가방, 백 등을 착용한

예) I'm comfortable in a suit.

(저는 정장이 편합니다)

* old-school: old-fashioned, traditional 옛날식의, 구식의, 전통적인

* at least: 적어도, 최소한 (받아들일 수 있는 최소한의 수 또는 양)

* at most: 기껏해야, 많아봤자 (받아들일 수 있는 최대한의 수 또는 양)

* stand out: 눈에 띄다, 빼어나다, 견디다, 주장하다

* in less than: ~이내, 일정 범위 안 (=within, no more than)

* do not matter: 상관없다, 신경 안 쓴다

* get used to: ~에 익숙해지다

♧ used to (과거에)~하곤 했다, 과거 한때는 ~이었다

be used to-v ~하기 위해 사용되다

be used to ~ing/a noun ~에 익숙해지다, 적응하다

Episode 23. I came to New York to be a journalist

(영화 악마는 프라다를 입는다, Devil wears Prada 중에서)

- I came to New York to be a journalist

Emily: She wants to see you.

(들어오래요)

Andy: Oh! She does?

(오 그래요?)

Emily: Move! (들어가세요)

This is foul.

(이런 거 들고 가면 점수 깎여요)

Don't let her see it. Go!

(보이지 않게 해요. 들어가세요)

Miranda: Who are you?

(누구세요?)

Andy: Uh, my name is Andy Sachs.

(제 이름은 앤디 색스에요)

I recently graduated from Northwestern University.

(최근에 노스웨스턴 대학을 졸업했습니다)

Miranda: And what are you doing here?

(여긴 왜 왔지?)

Andy: Well, I think I could do a good job as your assistant.

(비서 일도 해볼만 할 것 같아서요)

And, um Yeah, I came to New York to be a journalist

(실은 기자가 되고 싶어서 뉴욕에 왔고)

and sent letters out everywhere...

(이력서를 여기저기 보냈는데)

and then finally got a call from Elias Clarke...

(마침내 엘리어스 클락으로부터 전화가 와서)

and met with Sherry up at Human Resources.

(인사과에서 쉐리란분과 만났어요).

Basically, it's this or Auto Universe.

(연락온 곳은 여기와 오토유니버스 뿐이에요)

Miranda: So you don't read Runway?

(런웨이를 읽어 보지 않았다는 거지?)

Andy: Uh, no. (네)

Miranda: And before today, you had never heard of me.

(그리고 오늘 이전에는 나에 대해 들어 본 적이 없었지?)

Andy: No. (네)

Miranda: And you have no style or sense of fashion.

(그리고 스타일도 없고 패션감각도 없을거고)

Andy: Well, um, I think that depends on what you're.

(제 생각에 그것은 편집장님의 관점에 달려있는...)

Miranda: No, no. That wasn't a question.

(아니, 아니 질문한 게 아니야.)

Andy: Um, I was editor in chief of the Daily Northwestern.

(음. 저는 데일리 노스웨스턴의 편집장이었어요)

I also, um, won a national competition for college journalists... (또한 대학 기자단 전국대회에서 우승도 했구요)

with my series on the janitors' union, which exposed the exploitation.

(착취를 폭로한 관리인 노조를 취재한 연속 기획물로)

Miranda: That's all.

(됐어요)

Andy: Yeah. You know, okay. You're right. I don't fit in here.

(네 맞아요, 전 여기랑 안 어울려요)

I am not skinny or glamorous...

(마르거나 글래머하지도 않고)

and I don't know that much about fashion.

(패션에 대해서도 잘 몰라요)

But I'm smart. (하지만 저는 똑똑해요)

I learn fast and I will work very hard.

(빨리 배우고 정말 열심히 일할 거에요)

Nigel: I got the exclusive on the Cavalli for Gwyneth...

(카발리 호에서 귀네스의 특종 기사가 났어)

but the problem is, with that huge feathered headdress that she's wearing...

(하지만 문제는 깃털 달린 머리장식이...)

She looks like she's working the main stage at the Golden Nugget.

(골든 너겟의 메인 무대에 서는 것 같아요)

Andy: Thank you for your time.

(시간 내주셔서 감사했습니다)

Nigel: Who is that sad little person?

(저 가련한 사람은 누구지요?)

♣ 표현 익히기

* foul: 반칙, 역겨운, 안 좋은

* recent: 최근의

* graduated from: ~를 졸업하다

* journalist : 저널리스트, 기자

* got a call : 전화받다

* national : 국가의

* competition : 경쟁, 대회

* janitor : 관리인, 잡역부

* union : 조합, 협회

* exposed : 노출된

* exploitation : 착취

* fit: 맞다, 어울리다

♧ fit이 들어간 표현

fit: 잘 맞다.

예) He is the perfect fit for you.

(그 남자 너랑 완전 잘 맞어)

fit into: 적합하다

예) How do you fit into this whole thing?

(어떻게 하기로 했어?)

A fit B: A가 B에 잘 어울린다.

예) Your behavior doesn't fit this working environment.

(너의 행동은 여기 근무환경과 안 어울려)

* exclusive : 독점적인, 전용의
* feathered: 깃털로 덮힌
* headdress : 머리장식
* Thank you for: ~에 대해 감사하다. ~해줘서 고맙다.

• Vowel Neutralization

영어 모음에는 a · e · i · o · u가 있다. 이러한 모음이 강세를 받으면 제 음가의 발음을 하지만 강세를 받지 못한 모음의 경우에는 [ə] 즉 schwa로 발음한다. 웬만한 단어 속에는 약화된 [ə] 음이 있는데 그 원인을 영어가 가진 리듬, 강약 원리, 발음의 편리성에서 찾을 수 있다고 할 수 있다.

Canada란 단어에는 총 모음 'a'가 3개 나온다. 하지만 강세를 받는 a만 [æ]로 발음하고 나머지 2개의 강세를 받지 못하는 a는 [ə]로 발음하여 결국 Canada [**kǽnədə**]로 발음한다.

자~ 유의해서 발음해 볼까요

common [kámən]
butter [bʌtər]
virginia [vərdʒínjə]
standard [stǽndərd]
officer [ɔ́:fisər]

개인이 보호되는 팀 문화

'팀'이라는 공동체 속에서 진정한 개인이 존재하는 문화를 엿볼 수 있다. 다시 말해서 조직에 앞서 개인이 존재한다고 생각한다.

회사 밖의 개인의 시간과 회사 안에서의 업무를 위한 시간을 똑같이 소중히 여기는 문화는 직장 내에서의 자율성, 진취적 독창성으로 발전시킬 수 있다.

개인주의(individualism)의 배경

개인주의는 미국인들의 독립성 및 자립성과 밀접한 관계가 있다. 미국에서는 자녀들이 어릴 때부터 "자기 일은 스스로 할 수 있어야 한다(stand on your own two feet)"라고 가르치며 독립심을 기를 수 있도록 교육한다.

서구 개인주의적 핵심은 모든 사람이 궁극적인 가치를 가지고 있고, 그 중요성에 있어 절대성을 지니고 있다. 이러한 궁극적인 가치와 절대성은 개인이 집단생활에서 담당하는역할 사회적 위치, 하는 일의 중요성 또는 부와 능력, 현명함, 선함과는 아무 상관없이 모두 중요한 존재로 보는 기독교 사상에서 그 배경을 찾을 수 있다.

• I do too

– The Reklaws –

Mistakes we're gonna make them

우리가 겪게 될 실수들과

Chances gonna take them

마주하게 될 기회들을

Walls try and break them down

세상이 너를 막아설거야

Time we're gonna steal it

우리가 간절히 원하는 바로 그 시간과

Love like a drug gonna deal it

헤어나올 수 없는 사랑이 해결해줄거야

That high I wanna feel it, now

바로 지금, 그 기분을 느끼고 싶거든

I've been talking to the stars

별들에게 말을 하곤 했었지

Been reaching through the dark

어두운 밤하늘을 지나서 닿으려도 해봤고

Been holding out my heart

나의 마음을 내밀어도 보았지

[Chorus]

Do you ever lay awake at night, staring up at a lonely sky

한밤중에 일어나 외로운 밤하늘을 바라보면 누워있던적이 있니?

Wondering if it's gonna drop on you, like a rock on you

너 자신에게 별들이 떨어지는 건 아닐까 하면서 말야

Yeah I do too

사실 나도 그래

Do you ever wanna run away, get scared you'll lose your faith

굳게 믿고있던게 무너질까 두려워 도망치고 싶던적이 있었니?

Like it's all gonna stop on you, walk out on you

모든것들이 너를 막아서는것 같고, 너를 떠나가는것 같고 말야

Yeah I do too

사실 나도 그래

We all got more questions than answers,

우리 모두 대답보다는 질문을 안고 살잖아,

dreams too big too lose

꿈이 크면 잃기도 쉽듯 말야

Sometimes you worry too much

가끔 너는 지나치게 걱정을 하곤 하지

Yeah I do too

사실 나도 그래

Everybody's got beautiful, we all got scars

모두들 아름다운 면을 가지고 있다지만, 우리 모두 상처들을 안고 살잖아

Why hide behind a filter, you're a perfect work of art

왜 남들로부터 숨기기만 할까, 너는 존재 자체만으로도 참 아름다운데

What on earth are we here for

어째서 우리가 여기에 있는거고

What happens next

다음에는 어떤 일이 벌어질지

For all the things I think I know

생각하고 알고있는 모든것들을 위해

There's so much I don't get

내가 손에 넣지 못한게 너무나도 많잖아

09 Where Do You Wanna Go on Your Next Vacation?

Key expression

Loner, loser and complicated wreck.
(외톨이, 패배자, 복잡하고 엉망)
What's the purpose of your visit?
(방문 목적이 무엇입니까?)
You're supposed to be the leading lady of your own life.
(당신은 당신 인생의 주인공이어야 해요)

♧ **Meet Cute**: 어울릴 것 같지 않는 두 사람이 영원히 운명과 같은 만남을 하게 되는 것을 말한다.

♧ 영화 로맨틱 할리데이(Movie: The holiday)에서 말하는 'Meet Cute'

ARTHUR: It's how two characters meet in a movie. Say a man and a woman both need something to sleep in and they both go to the same men's pajama department. And the man says to the salesman, "I just need bottoms." The woman says, "I just need a top." They look at each other, and that's the meet cute.

한 남자와 여자가 각자 잠옷을 사러 갔어요. 남자는 점원에게 이렇게 말해요. "난 바지만 사면 돼요". 여자는 이렇게 얘기하죠. "난 윗도리만 사면 돼요". 순간 그 두 사람은 서로를 바라보게 되겠죠. 이것이 바로 운명적이 만남입니다. **-로맨틱 할리데이 중에서-**

Episode 24. Loner, Loser and Complicated Wreck

(영화 로맨틱 홀리데이, The Holiday 중에서)

- Loner, Loser and Complicated Wreck

Iris: What am I doing? Low point. Low point.

(내가 뭘 하고 있는 거야? 최악이야, 최악)

I'm interested in renting your house.

(당신의 집을 빌리고 싶은데요)

I'm wondering if your house is available this Christmas

(이번 크리스마스에 당신의 집이 가능한지 궁금하네요)

because if it is, you could be a real lifesaver.

(만약 그렇다면, 당신은 진짜 생명의 은인이에요)

I know it's ridiculously late to be asking,

(물어보기엔 너무 늦은 거 알아요)

but if you're at all interested, please contact me.

(그래도 괜찮으시다면 연락주세요)

I'm very interested, but the cottage is really only available for home exchange.

(관심은 많은데 오두막은 정말 홈 익스체인지로만 가능해요)

Amanda: Home exchange. What is that?

(홈 익스체인지!, 그게 뭐에요?)

Iris: We switch houses, cars everything.

(집, 차 모든 걸 바꿔서 사용해요)

Iris: I haven't done it before but friends of mine have.

(전 해본 적이 없는데, 친구들이 해봤어요)

Where are you?

(어디세요?)

Please say somewhere far away.

(제발 어디 먼 곳이길)

L.A.? I'm Iris, by the way.

(L.A.?) (그런데 전 아이리스라고 해요)

I'm very normal. Neat freak. Healthy.

(나는 매우 평범하다. 깔끔한 괴짜. 건강한)

Non-smoker. Single. Hate my horrible life.

(비흡연자. 싱글, 내 끔찍한 삶이 싫지만)

Amanda: Loner, loser and complicated wreck.

(외톨이, 패배자, 복잡하고 엉망)

Iris: Hi. (안녕하세요)

Amanda: Hi. I must say, your house looks idyllic.

(안녕하세요, 집이 목가적이네요)

Just what I need.

(꼭 내게 필요한 거에요)

Iris: Really? What does your place look like?

(정말요? 당신 집은 어떻게 생겼어요?)

Amanda: My place is nice, but it's a little bigger than yours.

(우리 집은 좋아요, 당신 집보다 조금 더 크구요)

Iris: Not hard to be.

(힘들진 않겠죠)

Amanda: Can I ask you one thing?

(하나 더 물어봐도 돼요?)

Iris: Of course. (물론이지요)

Amanda: Are there any men in your town?

(마을에 남자들 있어요?)

Iris: Honestly? Zero.

(솔직히? 없어요)

Tomorrow too soon?

(내일은 너무 빠른가요?)

Amanda: Tomorrow's perfect.

(내일 좋아요)

Iris: Okay, we are on for two weeks, starting tomorrow.

(좋아요, 내일부터 2주 동안입니다)

♣ 표현 익히기

* low point: 최악이야

= the worst: disaster

* I'm wondering if: wonder if: ~여부를 궁금해 하다.

예) I'm wondering if you can do it for me.

* if it is, you could be a real lifesaver: 만약 그렇다면, 당신은 진짜 생명의 은인입니다.

- lifesaver: savior: 구세주

* I know it's ridiculously late to be asking: It's late to ~: ~하기에 늦었다
  - ridiculously: 터무니없이
    예) that skirt seemed ridiculously cheap.
  - ridiculous: 웃기는, 말도 안 되는, 터무니없는
    예) It is ridiculous to suggest we are making a speech.
* please contact me: 연락주세요!
  - contact: keep in touch:
    예) please keep in touch.
* I'm very normal: 매우 평범한 사람입니다.
  - 특이한 사람: freak flag
    예) He shows his freak flag.
* Neat freak: 지나치게 깔끔 떠는 사람
  비교) messy cow: 지저분한 사람(slang)
* Loner, loser and complicated wreck: 외로운, 찌질이, 그리고 복잡한 폐인
  - loner: 외톨이. 혼자 있기를 더 좋아하는 사람
  - loser: 패자
  - wreck: 폐인: be crippled; 폐인이 되다
* your house looks idyllic:
  - look: ~처럼 보이다
  - idyllic: 목가적인, 전원풍의: 시끄럽지 않고 안전할 것 같은
* Just what I need: 꼭 내게 필요한 것
  - what: ~한 것.

- What I want to do is read this book.

(내가 하고 싶은 것은 이 책을 읽는 것입니다)

* What I want to do is 뒤에 동사 원형 쓰는 것에 주의하세요!

예) All I need to do is wait for him.

* What does your place look like?: 사는 곳은 어떤가요?

주로 집의 외관을 물어보는 표현이다

♧ look like: 주로 외모보다는 성격을 물어볼 때의 표현

예) What does your girl friend look like?

(여자 친구의 외모는 어때요?)

♧ be like: 외모 보다는 성격 등을 물어볼 때는?

What is your girl friend like?

(여자 친구는 어떤 사람인가요?)

* we are on for two weeks:

- be on: ~ 중이다.

- for + 숫자의 기간

* clumsy: 어설픈, 재바르지 못한

예) clumsy of me: 내가 덜렁대서

Episode 25. What's the purpose of your visit?

(영화 터미널, Terminal 중에서)

- What's the purpose of your visit?

Man: (ON P.A.) United Airlines announcing the arrival of Flight 9435 from Beijing.

(유나이티드 항공 베이징발 9435편이 도착했습니다)

Customer service representative, please report to Gate C42.

(고객 서비스 담당자는 C42 탑승구로 와주시기 바랍니다)

Woman: (ON P.A.) All visitors to the US should line up at booths 1 through 15.

(미국 방문객은 1번에서 15번 창구에 줄을 서시기 바랍니다)

Customs Official: Please have your I-94 forms filled out.

(입국신고서 작성하세요)

What's the purpose of your visit? What is the purpose of your visit? Business or pleasure?

(방문 목적은요? 방문 목적이 뭔가요?)

What is the purpose of your visit? Business or pleasure?

(방문 목적이 비즈니스인가요, 관광인가요?)

Visitor: Just visiting. Shopping? Euh, plaisir.

(그냥 방문하는 거예요 쇼핑하려고요)

It's pleasure. Uh, business.

(관광요. 비즈니스요)

Customs Official: How long will you be staying in the United States? (체류 기간은요?)

Could I see your return ticket, please?

(귀국 항공권을 보여주시겠어요?)

What's the purpose of your visit? Business or pleasure?

Pleasure.

(방문 목적이 뭔가요? 비즈니스인가요, 관광인가요?)

Enjoy your stay. Next.

(즐거운 방문 되십시오. 다음 분이요)

Woman: (ON P.A.) Please have your passports, immigration form, I-94... (여권을 준비해 주시고...)

Stand by. He's fishing. (대기하라, 확인 중이다)

MAN: Copy that.

(알겠습니다)

Customs Official 1: See this bunch of Mickey Mouse sweatshirts down here?

(여기 미키마우스 스웨터 입은 사람들 보이세요?)

Customs Official 2: That's the tour from China, connecting to Orlando.

(올랜도행 중국 단체 관광객이죠, 환승할 겁니다)

Customs Official 1: When was the last time you saw a group of Chinese tourists on their way to Disney World and not a single one of them had a camera?

(중국 관광객이 디즈니랜드에 가면서 카메라도 안 들고 있다는 게 말이 되나요?)

Customs Official 2: Possible forged documents on 10 and 11.

(10번, 11번에 서류 조작 용의자들이 있어요)

Customs Official: Sir. Sir. Passport.

(저기요, 여권 주세요)

Thank you.

(감사합니다)

Welcome, Mr. Navorski.

(환영합니다, 나보르스키 씨)

Purpose of your visit?

(방문 목적은요?)

Business or pleasure?

(비즈니스인가요? 관광인가요?)

(BEEPS) OFFICER: Have your declarations forms ready, please.

(세관 신고서 준비해 주세요)

Customs Official: Sir, I have an IBIS hit on six.

(6번 창구에 협조 기관 검사 시스템 알림이 뜨는데요)

Customs Official 2: Mr. Navorski, please follow me.

(나보르스키씨 저를 따라오시죠)

Woman: (ON P.A.) ...from Montreal must proceed to U.S. Immigration for claiming their luggage.
(몬트리올발 승객들은 입국 심사를 거쳐 수하물을 찾으시기 바랍니다)

Customs Official 2: All right, Mr. Navorski, we would like for you to wait right here, please.
(나보르스키씨 여기서 잠시만 기다려 주십쇼)

♣ 표현 익히기

* P.A. : public address: 장내방송
* announcing: 방송으로 알리다
* arrival: 도착
    ♧ departure: 출발
* customer service: 고객 서비스
* representative: 대표
* report: 보고하다, 신고하다
* line up: 줄 서다
    ♧ queue up: 줄 서다 (영국식 표현)
* forms: 양식
* filled out: 채우다

* purpose: 목적

예) What is the purpose your visit?

(방문 목적이 뭔가요?)

* pleasure: 즐거움, 관광

* return ticket: 왕복표

* passport: 여권

* bunch of: 묶음, 다발, 무리

* sweatshirts: 트레이닝복 상의

* connecting to: 연결하다

* forge: 위조하다

* documents: 서류

예) forged documents: 위조문서

* declaration: 신고서

* proceed: 진행하다

* Immigration: 출입국 관리소

* claim: 요구, 주장

* luggage: 짐

예) baggage claim: 공항의 수하물 찾는 곳

* would like to: ~하고 싶다.

♧ like는 좋다, would like to는 ~하고 싶다로 want to보다는 정중한 표현이다.

♧ 공항에서 사용할 수 있는 유용한 표현

1) Departures: 출발

2) Arrivals: 도착

3) Domestic: 국내

4) International:국제

5) Transfer: 환승하다

6) Transit: 환승, 잠시 정차

7) Connecting Flights: 연결 항공편

8) Book: 예약하다

9) Return ticket: 왕복티켓

10) Terminal: 터미널

11) The lost and found: 분실물 보관소

12) Restroom: 화장실

13) Information desk: 안내 데스크

14) Currency exchange: 환전

15) Taxi stand: 택시 승차장

Episode 26. You're supposed to be the leading lady of your own life

(영화 터미널, Terminal 중에서)

- You're supposed to be the leading lady of your own life

Arthur: You know what I've been asking myself all night?

(내가 밤새도록 스스로에게 무엇을 물었는지 알아요?)

Iris: What? Why I'm bothering you with all these questions?

(뭘까요? 내가 왜 이 모든 질문으로 당신을 귀찮게 할까요?)

Arthur: I'm wondering why a beautiful girl like you would go to a strangers house for the Christmas Vacation, and on top of that spend Saturday night with an old cock-up like me.

(왜 당신같이 예쁜 여자가 크리스마스 휴가 때 낯선 집에 가서 나같은 늙은이랑 토요일 밤을 보내는지 궁금해요)

Iris: Well, I just wanted to get away from all the people I see all the time!...

(음, 난 그냥 내가 항상 보는 모든 사람들한테서 벗어나고 싶었어요!)

Well, not all the people... one person.

(음, 사람들로부터가 아니고, 한사람)

I wanted to get away from one... guy.

(한 남자로부터 벗어나고 싶었어요!)

Iris: An ex-boyfriend who just got engaged and forgot to tell me.

(방금 약혼하고 나에게 말하는 것을 잊은 전 남자 친구에요)

Arthur: So, he's a schmuck.

(그러니까 그 사람은 멍청이지)

Iris: As a matter of fact, he is... a huge schmuck.

(솔직히, 그는 굉장히 멍청이지요)

How did you know?

(어떻게 아셨어요?)

Arthur: He let you go.

(당신을 놓아줬잖아요)

This is not a hard one to figure out.

(이해하기 어려운 것이 아니에요)

Iris, in the movies we have leading ladies

(아이리스, 영화에는 주연이 있고)

and we have the best friend.

(조연이 나오지요)

You, I can tell, are a leading lady,

(근데 당신은 주연이라고 할 수 있어요)

but for some reason you are behaving like the best friend.

(그런데 어떤 이유에서인지 당신은 조연처럼 행동해요)

Iris: You're so right.

(네 맞아요)

Arthur:You're supposed to be the leading lady of your own life, for god's sake!

(당신은 당신 인생의 주인공이어야 해요, 정말로!)

Iris: Arthur, I've been going to a therapist for three years,

(아써, 나는 3년 동안 치료 받으러 다녔어요)

and he never explained anything to me that well.

(그리고 나에게 정확히 어떤 설명도 안해줬구요)

That was brilliant. Brutal, but brilliant.

(명쾌해요. 잔인하지만 명쾌한 답이에요!)

♣ 표현 익히기

bothering with: bother: ~로 귀찮게하다

예) Stop bothering me. (저를 그만 괴롭히세요)

* wondering why: ~이유가 궁금하다.

* a beautiful girl like you: 당신같이 예쁜 여자

* would go: 가려고 하는지

* get away from: ~에서 도망치다, ~에서 벗어나다.

예) I just wanted to get away from all the people

(나는 모든 사람으로부터 도망치고 싶었어요)

* ex-boyfriend: 전 남자친구

= former boyfriend

* schmuck: 멍청이

예) What a schmuck he is ! 그는 정말 얼간이야

* I can tell: 내가 말하는데, 내가 아는데

* leading lady: (영화 등에서의) 주인공

* for some reason: 어떤 이유에서인지

* best friend: 당신은 주인공의 친한 친구, 조연

* be supposed to: ~할 의무가 있다. ~하기로 되어있다.

예) You're supposed to be the leading lady of your own life (당신은 당신 인생의 주인공이어야 합니다)

* for god's sake!: Oh my Goodness: Oh my god: 젠장

* Brutal, but brilliant: 잔인하지만 명쾌한

• 영어모음과 한국어 모음의 차이 /o/ , /ɔ/ 와 'ㅗ'

우리는 o/ , /ɔ/ 가 'ㅗ'의 발음이라고 생각한다.

하지만 영어발음의 소리의 원리에는 입의 크기에 따라서 모음의 소리가 결정된다.

그런데 /ɔ/와 /a/ 의 입크기는 거의 같아서, 소리도 거의 같다.

그래서 많은 미국인들의 경우 둘을 구별하지 않는다.

/ɔ/ 를 발음 할 때도 입은 한국어의 'ㅏ'처럼 대신 'ㅗ' 소리를 발음하면 된다.

그렇게되면 'ㅏ'소리에 가까운 소리, 즉 네이티브처럼 발음 할 수 있다.

자~ 유의해서 발음해 볼까요

holiday [hάlədéi]

bother [bάðər]

apologize [əpάlədʒáiz]

involve [invάlv]

wrong [rɔ́:ŋ]

Holiday Home Exchange (집 바꿔 생활하기)

Exchange는 교환하다는 뜻이다. 다른 영어 표현으로는 swap이라고도 한다. Home Exchange 사이트에 자신의 집 사진을 올리고 정보를 올려 놓으면 관심있는 사람이 글을 남기고 그 후, 그 상대의 집도 맘에 든다면 서로 합의해서 날짜를 맞추고 서로 집을 바꿔 휴가를 즐기는 집 바꿔 생활하기이다.

Home for exchange is a marketplace for non-commercial home exchange. (주택 교환은 비상업적 주택 교환을 위한 시장이다)
You stay in their home while they stay in yours.
(상대방이 당신의 집에 머무르는 동안 당신은 상대의 집에 머문다).
Save thousands of dollars/euro on your next vacation.
(휴가에 수천 달러/유로 절약할 수 있다)

• Thinking Out Loud

– Ed Sheeran –

When your legs don't work they used to before

네 다리가 예전처럼 움직이기 힘들 때

And I can't sweep you off of your feet

그리고 내가 네 마음을 사로잡을 수 없을 때

Will your mouth still remember the taste of my love

네 입은 여전히 내 사랑의 맛을 기억하고 있을까?

Will your eyes still smile from your cheeks

네 눈은 여전히 웃고 있을까?

And darling I will be loving you till we're 70

난 우리가 70살이 돼도 널 사랑할 거야

And baby my heart could still fall as hard at 23

내 심장은 여전히 23살 때처럼 빠져들 거야

And I'm thinking about how people fall in love in mysterious ways

그리고 난 사람들이 어떻게 신비한 방법으로 사랑에 빠지는지 생각해

Maybe just the touch of a hand

어쩌면 단지 손을 스치는 것만으로도 될지도 몰라

Oh me I fall in love with you every single day

난 매일매일 너와 사랑에 빠져

And I just wanna tell you I am

난 단지 네게 말하고 싶어

So honey now

그러니 자기야 지금

Take me into your loving arms

사랑스러운 네 품에 나를 안아줘

Kiss me under the ligh of a thousand stars

수천 개의 별빛 아래서 나에게 키스해 줘

Place your head on my beating heart

내 뛰는 심장 위에 네 머리를 기대줘

I'm thinking out loud

내 생각을 말하고 있어

That maybe we found love right where we are

어쩌면 우린 지금 여기에서 사랑을 찾은 건지 몰라

When my hair's all but gone and my memory fades

내 머리가 다 빠지고 기억이 흐려질 때

And the crowds don't remember my name

사람들이 내 이름을 기억하지 못할 때

When my hands don't play the strings the same way

내 손이 똑같이 기타를 치지 못할 때

I know you will still love me the same

나는 알아, 넌 여전히 나를 사랑할 거라는 걸

Cause honey your soul can never grow old, it's evergreen

왜냐하면 네 영혼은 절대 늙지 않으니까, 상록수처럼

Baby your smile forever in my mind and memory

네 미소는 내 마음과 기억 속에 영원히 남아있어

I'm thinking about how people fall in love in mysterious ways

난 어떻게 사람들이 신비로운 방법으로 사랑에 빠지는지 생각하고 있어

Maybe it's all part of a plan

어쩌면 계획에 일부일지도 몰라

I just keep on making the same mistakes

내가 같은 실수를 계속할지라도

Hoping that you'll understand

네가 이해해 주기를 바라

But baby now

하지만 자기야 지금

Take me into your loving arms

사랑스러운 네 품에 나를 안아줘

Kiss me under the light of a thousand stars

수천 개의 별빛 아래서 나에게 키스해 줘

Place your head on my beating heart

내 뛰는 심장 위에 네 머리를 기대줘

Thinking out loud

내 생각을 말하고 있어

That maybe we found love right where we are

어쩌면 우린 지금 여기에서 사랑을 찾은 건지 몰라

10 Give Me an Advice

Key expression

Being Miranda's assistant opens a lot of doors.
(미란다의 비서로서 일하면 많은 기회를 가질 수 있어요)
I'm killing myself trying.
(죽도록 노력하고 있어요)
The fame thing isn't really real.
(유명한건 다 허상이에요)

- Advice(충고)

충고는 어떻게 말하느냐에 따라 상대방이 받아들이는데 확연하게 차이가 있을 수 있다. 영어표현에도 조심스러운 선택이 필요하다.

사람과 사람의 의사소통에 영향을 주는 것은 단지 언어적(verbal)인 표현뿐 아니라 어떠한 얼굴 표정과 어떠한 말투로 또 어떠한 상황에서 주고받는 대화인지와 같은 비언어적(nonverbal) 표현도 크게 영향을 준다.

♧ 충고에 많이 사용하는 조동사 올바로 알고 사용하기

1) should

상대가 하면 좋을 것 같은 일, 생각 등에 주로 사용한다.

I watched a movie yesterday and it was so much fun.

You should watch it, too. (내가 어제 영화 봤는데 너무 재미있었어, 너도 그 영화 꼭 봐)

2) had better

우리가 흔히 '~하는 편이 낫다'의 의미로 사용한다면 실수의 여지가 있는 표현으로 권유라기보다는 강압적이며 경고의 뉘앙스가 들어있다.

You'd better go and see a doctor about coughing.

(기침 때문에 병원에 가보는 게 좋겠네)

3) It might be better

'~하면 더 좋을 것이다'라고 부드럽게 말할 수 있는 표현이다.

It might be better if you do your assignment in advance.

(과제를 미리 해두시면 좋을 것 같아요)

♧ 충고에 많이 사용하는 Formal한 표현들

충고는 직접적인 표현보다 간접적인 표현이나 질문 형식의 표현을 사용하면 보다 공손하게 분위기를 이끌어 갈 수 있다.

1) If I were you, I would ~

(내가 너라면 ~할거야)

If I were you, I would not go there in this weather.

(내가 너라면 이런 날씨에 거기에 안갈거야)

2) Have you ever thought about ~

(~관해 생각해 본 적이 있나요?)

Have you ever thought about his situation?

(그의 상황에 대해 생각해 본 적이 있나요?)

영화 속 Episode

Episode 27. Being Miranda's assistant opens a lot of doors

(영화 악마는 프라다를 입는다, Devil Wears Prada 중에서)

- Being Miranda's assistant opens a lot of doors

Andy: Yeah, Nate said it was great.

(네, 네이트가 좋았다고 했어요)

He actually, applied here,

(사실 여기도 지원했었어요)

but they wanted someone with more experience.

(그런데 더 경력 있는 사람을 원했어요)

Dad: Here. (여기)

Andy: Huh? What's this? (허, 뭐에요?)

Dad: I don't want you to get behind on your rent.

(난 네가 집세 밀리는 거 싫다)

Andy: Dad, how did you-- It's..

(아빠 어떻게 아셨어요?)

I'm gonna kill Mom.

(엄마 가만 안둘거에요)

Dad, thank you.

(아빠 고마워요)

Dad: Mm-hmm. (음)

Andy: It's really good to see you.

(아빠 만나서 너무 좋아요)

Dad: You too, honey.

(나도)

Andy: So, you want to start grilling me now...

(잔소리부터 하실래요..)

or should we wait till after dinner?

(아니면 저녁 식사 후까지 기다릴까요?)

Daddy: I thought I'd let you at least enjoy the bread basket first.

(일단은 밥부터 맛있게 먹고 보자꾸나)

Andy: o, no, no. It's okay. Go right ahead.

(오 아니에요, 얼른 시작하세요?)

Daddy: We're just a little worried, honey.

(애야, 우린 조금 걱정이 돼)

We get e-mails from you at your office at 2:00 A.M.

(새벽 2시에 회사에서 메일을 보내지 않나)

Your pay is terrible. You don't get to write anything.

(보수도 형편없고. 글도 안쓰고)

Andy: Hey, that's not fair.

(이런, 그건 공평하지 않아요)

I wrote those e-mails.

(이메일 쓰잖아요)

Daddy: I'm just trying to understand why someone who got accepted to Stanford Law... turns it down to be a journalist, and now you're not even doing that.

(아직도 난 네가 스탠포드 로스쿨에 안가고 왜 기자가 되겠다고 하는지 이해가 안돼. 지금 하는게 그것도 아니잖니?)

Andy: Dad, you have to trust me.

(아빠 저를 믿어주세요)

Being Miranda's assistant opens a lot of doors.

(미란다의 비서로서 일하면 많은 기회를 가질 수 있어요)

Emily is going to Paris with Miranda in a few months...

(에밀리는 몇 달 있으면 미란다와 파리에 가는데)

and she's gonna meet editors and writers from every important magazine.

(거기서 전 세계 주요 잡지사의 편집자들과 작가들을 다 만난데요)

And in a year, that could be me.

(일년이 지나면 저도 곧 그렇게 되요)

Daddy: All right? (알았다)

Andy: Dad, I swear, this is my break.

(아빠 맹세해요. 이게 제 인생의 행운이에요)

This is my- my chance.

(기회에요)

This is my boss.

(미란다에요)

I'm sorry, Dad. I have to take this.

(죄송해요, 아빠. 저 통화할게요)

Daddy: Take it. Take it.

(그래 전화 받아)

♣ 표현 익히기

* start: 시작하다. 뒤에 동명사를 목적어로 취한다
* grilling: 닦달하다. 들볶다

예) Start grilling me now? (지금 잔소리하실 건가요?)

* bread basket: 식사 때 제공되는 빵이 담겨있는 바구니

예) Let you at least enjoy the bread basket first.

(일단은 식사부터 맛있게 먹고 보자꾸나)

♣ 보통 서양의 음식문화에서 주요리가 나오기 전 제공되는 빵은 식사 내내 식사와 함께 즐기는 것이다. 우리나라에서 최근 식전 빵으로 즐겨먹는 문화는 엄밀히 서양의 음식문화와는 다르다고 볼 수 있다.

* go right ahead: (얘기 등을) 계속하다
* turn down: say no: 거절하다

* trust: 신뢰하다, 믿다

예) trust me: 나를 믿어주세요

* being Miranda's assistant: 미란다의 비서로 일하는 것은

* assistant: 비서

* door: chance

* in a few months: 몇 달 후

- 시간 앞의 전치사 in은 ~후에의 의미

* break: luck

예) this is my break

(이것은 내게 행운이에요)

* take (get): 전화 받다. 연결하다

♧ 전화 걸다: make a phone call.

전화 받다: answer the phone.

Episode 28. I'm killing myself trying

(영화 악마는 프라다를 입는다, Devil Wears Prada 중에서)

- I'm killing myself trying

Andy: She hates me, Nigel.

(그녀가 절 싫어해요. 나이젤)

Nigel: And that's my problem because...

(그리고 그건 내 문제지 왜냐면.....)

Oh, wait. No, it's not my problem.

(아, 잠깐, 내 문제가 아니네)

Andy: I don't know what else I can do

(제가 뭘 더 해야 할 지 모르겠어요)

because if I do something right, it's unacknowledged.

(왜냐면 제가 일을 제대로 해도, 인정받지 못하잖아요)

She doesn't even say thank you.

(고맙다는 말씀도 안하시고요)

But if I do something wrong, she is vicious.

(그런데 만약 제가 무언가 잘못하면, 그녀는 악랄해지죠)

Nigel: So quit. (그럼 그만둬.)

Andy: What? (뭐라구요?)

Nigel: Quit (그만두라구)

Andy: Quit? (그만두라구요?)

Nigel: I can get another girl to take your job in five minutes

(네 일을 대신할 사람은 5분이면 구할 수 있어)

One who really wants it.

(그것도 진짜 원하는)

Andy: No, I don't want to quit. That's not fair.

(하지만, 저는 그만두고 싶지 않아요. 그건 불공평하잖아요)

But, you know, I'm just saying that I would just like a little credit...

for the fact that I'm killing myself trying.

(그치만, 제 말은 저는 단지 죽도록 노력하고 있다는 점에 대해 조금이나마 칭찬을 받고 싶다는 거에요)

Nigel: Andy, be serious.

(앤디, 진지하게 생각해봐)

You are not trying.

(넌 노력하고 있는게 아니야)

You are whining.

(징징거리고 있는거야)

Nigel: What is it that you want me to say to you, huh?

(내가 무슨 말을 하길 바라는 거야?)

Do you want me to say, 'Poor you'.

(내가 이런 말을 해주길 원해?)

Miranda's picking on you. Poor you.

(미란다가 널 괴롭히는구나, 불쌍해라)

Poor Andy? (불쌍한 앤디)

Hmm? Wake up, six.

(정신차려)

She's just doing her job.

(그녀는 자기 일을 할 뿐이야)

♣ 표현 익히기

* hate: 몹시 싫어하다, 증오하다

♧ hate, don't like, dislike

hate: 몹시 싫어하다, 증오하다

don't like: (비격식) 비교적 좋아하지 않다.

dislike: (격식) 싫어하다

* what else: 그밖에 뭐가~

* something right: 뭔가 옳은 것

* something wrong: 뭔가 잘못된 것

* unacknowledged: 칭찬받지 못하는, 인정받지 못하는

예) I used to be an unacknowledged leader.

(나는 인정받지 못한 리더였다)

* vicious: 잔인한 포악한, 악랄한

예) She just looks vicious.

(그녀는 단지 잔인해 보였어)

* quit: 그만두다

♧ stop과 quit

stop: 잠시 멈추다

quit: 영원히 하지 않다

* credit: 칭찬, 인정, 신용

예) My brother is a credit to my family.

(내 동생은 우리 가정의 자랑이다)

* killing myself trying: 죽도록 노력하다

* whining: 징징거리는, 투덜대는.

* poor: 불쌍한, 가련한, 가난한

예) poor you! (가엾어라!)

* pick on someone: 누군가를 괴롭히다.

* wake up: 정신을 차리다

Episode 29. The fame thing isn't really real

(영화 노팅힐, Notting Hill 중에서)

- The fame thing isn't really real

William: Sorry about that. (미안해요)

Anna: That's fine. (괜찮아요)

There's always a pause when the jury goes out to consider its verdict.

(배심원들이 판결을 내리기 전에 늘 휴식시간을 주잖아요)

William: Anna. Look -- I'm a fairly level- headed bloke.

(애나, 난 꽤 분별 있는 사람이에요)

Not often in and out of love.

(아무나 쉽게 사귀고 헤어지지는 않아요)

But... (그런데)

Can I just say 'no' to your kind request

and leave it at that?

(호의는 고맙지만 거절할게요)

(그리고 없던 걸로 해요)

Anna: Yes, that's fine. (네 그래요)

Of course. I... you know... of course...

(물론, 아시지요)

I'll just... be getting along then... nice to see you.

(갈게요, 만나서 반가웠어요)

William: The truth is.

(문제는)

.. with you, I'm in real danger.

(당신을 만나는 것은 위험 부담이 커요)

It took like a perfect situation,

(저랑 잘 맞는 것 같아요)

apart from that foul temper of yours --

(당신이 성질 급한 거 빼고는)

but my relatively inexperienced heart would,

(상대적으로 내가 경험이 없어서)

I fear, not recover if I was once again ...

(다시 그런 일이 생기면 극복하지 못할까 두려워요)

cast aside, which I would absolutely expect to be.

(또 버려질게 분명하거든요)

There are too many pictures of you everywhere,

too many films.

(사방에 당신 사진과, 영화가 깔렸는데)

You'd go and I'd be... well, buggered, basically.

(당신이 날 떠나면 엄청난 충격을 받을거에요)

Anna: I see.

(알겠어요)

That reality is a real 'no,' isn't it?

(확실한 거절이네요)

William: I live in Notting Hill.

(난 노팅힐에 살고)

You live in Beverly Hills.

(당신은 비버리힐스에 살고)

Everyone in the world knows who you are.

(당신이 누구인지 세상 사람들이 다 알고)

My mother has trouble remembering my name.

(우리 엄마조차도 내 이름을 기억 못하는데)

Anna: Okay. Fine. Fine. Good decision.

(네, 좋아요, 결정 잘하셨어요)

The fame thing isn't really real, you know.

(유명한건 다 허상이에요)

Don't forget. I'm also just a girl.

(잊지 마세요. 난 그냥 여자애일 뿐이에요)

Standing in front of a boy. Asking him to love her.

(남자애 앞에 서서, 사랑을 구걸하는)

Bye. (안녕)

♣ 표현 익히기

* sorry about that: 미안해요

* that's fine: 괜찮아요]

♧ thank you와 I'm sorry의 대답

1) Thank you

Don't mention it

No worries

No problem

Not at all

Never mind

My pleasure

You're welcome

2) I'm sorry

That's alright (O.K.)

No problem

Never mind

It doesn't matter

Don't worry

* pause: 휴식시간

* fairly: 상당히, 꽤

* headed bloke: 신중한

* in and out of something: ~것을 들락날락하다

예) in and our of love: 사랑에 빠졌다 헤어졌다를 반복하다

* kind request: 호의

* apart from: ~를 제외하고

* a foul temper: 급한 성미

* relatively: 상대적으로

* inexperienced: 경험이 없는

* cast somebody (something) aside: 누구를 (뭔가를) 버리다

* buggered: 망가진

* have trouble ~ing: 곤란하다, 어려움이 있다.

= have difficulty (in) ~ ing

* fame: 명성

• 파열음

비강 파열음은 t 앞과 뒤에 n이 오면, 겹쳐진 자음 무리의 생략원칙에 따라 콧소리(비음)에 묻혀져 t 소리가 흡수되는 현상을 말한다.

mountain은 '마운~운' / 마운~든' 혹은 '마운~인' / '마운~딘'으로 들리는 것이다

성문파열음(glottal plosive): 성대로 공기를 막았다가 갑자기 터트리며 발음 한다.

beetle [bíːtl]

자~ 유의해서 발음해 볼까요

cotton [kátn]
kitten [kítn]
button [bʌtən]
beetle [bíːtl]
mountain [máuntən]

Thank you, Sorry, Please

미국인들이 일상생활에서 숨쉬는 것처럼 많이 사용하는 표현인 Thank you와 Sorry 그리고 Please는 "고맙습니다" "미안합니다" "부탁합니다"라는 단순한 해석 이상의 일상 생활의 한 부분으로 이해할 수 있다. 사소하지만 상대방에게 존중의 뜻과 감동을 자연스럽게 전할 수 있는 이 세 개의 표현들이 만들어내는 소통의 위대함은 가히 짐작하는 것 그 이상이라고 할 수 있다. 예를 들어 누군가에게 부탁을 하는 상황에서도 실례하지만 ~(I'm sorry but~)이나 명령어에 Pleases와 Thank you를 적절히 함께 사용한다면 분위기도 부드러워지고 보다 수월하게 일들이 진행될 수 있을 것이다.

• Thank You For The Music

– Abba –

I'm nothing special, in fact I'm a bit of a bore

난 특별하지도 않고.. 사실 조금 지루한 사람이죠.

If I tell a joke, you've probably heard it before

내가 농담을 얘기하면.. 아마 당신은 전에 들어보셨을걸요.

But I have a talent, a wonderful thing

그러나 난 재능이 있어요. 놀라운 재능이죠.

'Cause everyone listens when I start to sing

왜냐하면 내가 노래를 시작할 때.. 모두가 제 노래를 들어요.

I'm so grateful and proud

난 정말 감사하고 자랑스러워요.

All I want is to sing it out loud

내가 원하는 전부는 그 노래를 크게 부르는 거예요.

So I say

그래서 나는 말하죠.

Thank you for the music, the songs I'm singing

내가 부르고 있는 음악과 노래가 고맙다고요.

Thanks for all the joy they're bringing

그 노래들이 가져다주는 모든 즐거움에도 고마워요.

Who can live without it? I ask in all honesty

누가 음악 없이 살 수 있을까요? 난 아주 정직하게 물어봐요.

What would life be?

삶이 어떨지?

Without a song or a dance, what are we?

노래와 춤이 없다면.. 우리는 어떤 상태일지..

So I say thank you for the music

그래서 나는 그 음악이 고맙다고 말해요.

For giving it to me

그 음악을 내게 줘서.

Mother says I was a dancer before I could walk

엄마는 말하죠. 내가 걷기 전부터 댄서였다고.

She says I began to sing long before I could talk

엄마는 또 말해요. 내가 말하기 훨씬 전부터 노래를 부르기 시작했다고.

And I've often wondered, how did it all start?

난 종종 궁금했어요. 이 모든 게 어떻게 시작했는지..

Who found out that nothing can capture a heart like a melody can?

누가 알아냈을까요? 멜로디처럼은 그 어떤 것도 사람의 마음을 잡을 수 없다는 것을.

Well, whoever it was, I'm a fan

그게 누구였든.. 난 팬이에요.

So I say

그래서 나는 말하죠.

Thank you for the music, the songs I'm singing

내가 부르고 있는 음악과 노래가 고맙다고요

Thanks for all the joy they're bringing

그 노래들이 가져다주는 모든 즐거움에도 고마워요.

Who can live without it? I ask in all honesty

누가 음악 없이 살 수 있을까요? 난 아주 정직하게 물어봐요.

What would life be?

삶이 어떨지?

Without a song or a dance, what are we?

노래와 춤이 없다면.. 우리는 어떤 상태일지..

So I say thank you for the music

그래서 나는 음악이 고맙다고 말해요.

For giving it to me

그 음악을 내게 줘서.

I've been so lucky, I am the girl with golden hair

난 너무 운이 좋았어요. 난 금발의 소녀죠.

I wanna sing it out to everybody

난 모두에게 노래를 부르고 싶어요.

What a joy, what a life, what a chance

참 즐겁고.. 멋진 삶이고.. 멋진 기회에요.

Thank you for the music, the songs I'm singing

내가 부르고 있는 음악과 노래가 고마워요.

Thanks for all the joy they're bringing

그 노래들이 가져다주는 모든 즐거움에도 고마워요.

Who can live without it? I ask in all honesty

누가 음악 없이 살 수 있을까요? 난 아주 정직하게 물어봐요.

What would life be?

삶이 어떨지?

Without a song or a dance, what are we?

노래와 춤이 없다면.. 우리는 어떤 상태일지..

So I say thank you for the music

그래서 나는 음악이 고맙다고 말해요.

For giving it to me

그 음악을 저에게 주셔서.

11 All I Want for Christmas Is You

Key expression

All right, I'll rip it.
(좋아요, 제가 뜯을게요)
We exchanged gifts in March
(3월에 선물을 교환했었잖아요)
One of the best Hanukkahs I've ever had
(제가 보낸 하누카 중 최고에요)

- Christmas gift - O Henry

가난한 부부가 크리스마스 선물을 사 주기 위해 아내는 자신의 머리카락을 팔아, 남편의 금시계에 어울리는 시계줄을 사줬는데, 남편은 금시계를 팔아, 아내의 긴 머리에 어울리는 머리핀 세트를 사줬다는, 그래서 서로의 선물은 쓸모없게 되었지만 가장 중요한 사랑을 확인할 수 있어서 행복했다는 내용의 단편소설이다.

소박한 선물이지만 이 사람이 언제 나를 이렇게 알고 있었을까 싶을 정도의 개인적이면서도 특별한 선물을 주고받는 아름다운 마음이다.

Episode 30. All right, I'll rip it

(영화 러브 액츄얼리, Love Actually 중에서)

- All right, I'll rip it

Karen: One present only each tonight.

(한 사람 당 선물 하나씩이야)

Who's got one for Dad?

(누가 아빠 선물 준비했니?)

son: I have. (제가요)

Harry: Let Mummy go first.

(엄마가 먼저)

son: I'll get it.

(제가 가져올게요)

Karen: No, no, no. I want to choose mine.

(아니 안돼) (내건 내가 뽑을래)

I think I want... this one.

(난 이거)

Harry: I have bought the traditional scarf as well

(매번 선물하던 전통적인 스카프도 샀는데)

but this is my other, slightly special, personal one.

(이건 약간 좀 특별히 개인적인 거야)

Karen: Thank you. (고마워요)

That's a real first. (이런 거 처음이네요)

Children: Rip it!, What is it?

(엄마 뜯어보세요? 뭐에요?)

Karen: I'm going to... All right, I'll rip it.

(그래 내가... 좋아. 뜯어 볼게)

God, that's a surprise.

(오 정말 특이한데)

Daisy: What is it? (뭐에요?)

Karen: It's a CD. Joni Mitchell, wow.

(CD, 조니 미첼)

Harry: To continue your emotional education.

(당신의 감성교육이 지속되기 위해)

Karen: Yes. (네)

Goodness. That's great.

(세상에. 너무 좋네요)

Harry: My brilliant wife.

(나의 훌륭한 아내)

Karen: Ah, yes. (아 네)

Actually, do you mind if I just absent myself for a second?

All that ice cream. Er...

(네. 잠깐만 시간 주세요. 아이스크림 때문에...)

Darling, could you make sure the kids are ready to go?

(자기. 애들과 외출할 준비를 좀 해줘요)

Back in a minute.

(금방 올게요)

Harry: All right, take it easy. (그래, 천천히 해)

Karen: Oh, my God. (오)

It's a miracle. You're all dressed.

(와! 이건 기적이야 벌써 옷 다 입었네)

Come on, come on, come on, we're horribly late.

Come on, then. In the car. In the car.

(자 서두르자. 우리 많이 늦었어. 어서 차에 타)

♣ 표현 익히기

* go first: 먼저 하세요
* my other, slightly special, personal one: 약간 특별하고 개인적인 것
* rip:[찢어서] 열다
* do you mind if: ~한다면 꺼리세요? ~해도 괜찮을까요?
* make sure: 확실히 하다
* be ready to go: 나갈 준비하다
* take it easy: 천천히 해요
* be dressed: 입었구나

* horribly: 무시무시하게, 끔찍하게, 매우 많이

예) We're horribly late.

(우리 많이 늦었다)

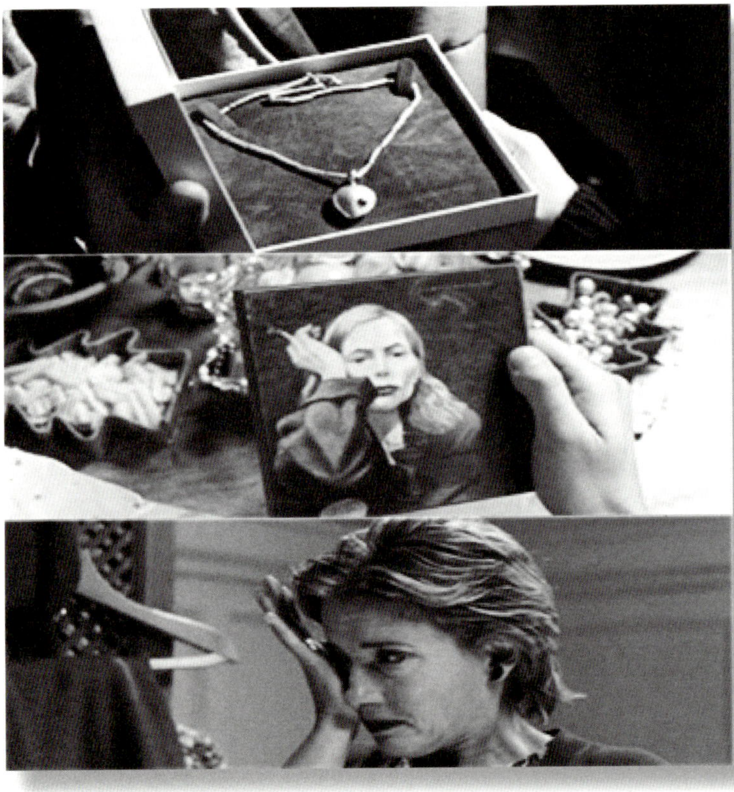

Episode 31. We exchanged gifts in March

(영화 로맨틱홀리데이. The Holiday 중에서)

- We exchanged gifts in March

Jasper: Okay I've got a question for you.

(네, 물어볼 게 있는데)

What's it like to be the only one committed to work while the rest of us are slumming?

(다른 사람들이 형편없는 곳에 다녀도 일에 전념하는 유일한 사람은 도대체 어떤 사람인가요?)

Iris: You mean what's it like to be the only one not to finish their work on time?

(혼자만 제시간에 일을 끝내지 못하는 게 어떤 기분인지?)

Hold on. Don't Don't go.

(잠깐만요, 가지마세요)

Jasper: Is it fun having a brain that works that fast?

(그렇게 빨리 두뇌가 작동하니 좋으시겠지요?)

Iris: Shut up

(그만하세요)

Jasper: No I mean, Probably a brilliant finish too.

(아마도 멋진 마무리일 거예요)

Iris: I assure you it's not.

(그렇지 않다고 장담하지요)

Your column today was fantastic.

(오늘 당신의 칼럼은 환상적이었어요)

God I loved that line

(그 대사가 너무 좋았어요)

'The onrushing stripping of dignity

and thought from British lives.'

(영국인의 삶에서 급진적인 존엄성과 사상의 박탈)

Great writing.

(훌륭한 글이에요)

Jasper: Hey I got you something for Christmas.

(크리스마스 선물을 준비했어요)

Iris: That's convenient

because I got you something too.

(저도 드릴 게 있는데 잘됐네요)

Jasper: Darling I don't actually have my gift with me.

(자기야, 난 사실 선물을 가지고 오지 못했어요)

In fact I probably mislaid it

but I know I got you something.

(사실 내가 잘못 둔 것 같은데 당신한테 줄 게 있는 건 분명해요)

I suspect it's somewhere in my car

(내 차 어딘가에 있는 것 같은데)

Want to know what it is?

(그게 뭔지 알고 싶지요?)

Iris: No. No no that's okay.

(아니에요, 괜찮아요)

Jasper: I know you're gonna look hot in it.

(그 옷을 입으면 멋져 보일 거예요)

Iris: Well let's hope you find it then.

(찾으면 좋겠네요)

Jasper: Not exactly something hot

but happy Christmas.

(별로 대단한 건 아니지만

행복한 크리스마스 되세요)

Iris: Thank you.

(고마워요)

I didn't think we'd get a chance to do this year.

(올해는 이런 기회가 없을 줄 알았어요)

Remember last Christmas we exchanged gifts in March.

(작년 크리스마스 기억해요? 우리는 3월에나 선물을 교환했잖아요)

This is good.

(이거 좋아요)

We're getting better.

(점점 나아지고 있잖아요)

Jasper: You stinker.

(기분 나쁜데요)

It's a first edition.

(이거 초판이네요)

Where did you find it?

(이런걸 어디서 찾았어요?)

Iris: Buried in that little place we found in Covent Garden that time.

(코번트 가든에서 발견한 작은 장소에 숨어있었어요)

Jasper: Why are you so great?

(당신은 왜 이렇게 멋져요?)

♣ 표현 익히기

* What's it like to be: ~이니까 어때?

* commit: 저지르다, 범하다

* slumming: 형편없는, 보잘 것 없는

* on time: 정시에

* probably: 아마도

♧ probably와 maybe의 차이

probably: 일어나거나 안 일어나거나 둘 중 일어날 가능성이 더 높을 때 사용한다.

maybe: 특정 사건이 50퍼센트로, 즉 일어나거나 안 일어나거나 둘 중 하나일 때 사용할 수 있다.

* brilliant: 고도한 지식을 갖춘, 영리한

♧ smart: 민첩하게 재치있는

* assure: 장담하다, 확언하다

* onrushing: 돌진하는

* stripping: 벗기는, 폭로하는

* dignity: 위엄, 존엄성, 책임감

* convenient: 편리한

♧ convenience store: 편의점

* mislaid: 제자리에 두지 않다

예) I seem to have mislaid my usb

(내가 usb를 어디 엉뚱한 곳에 둔것 같아요)

* exchange: 교환하다

♧ exchange는 교환하다 맞바꾸다의 의미이므로 셀 수있는 명사의 경우 뒤에 복수형이 온다.

예) We exchange addresses

(우리는 주소를 교환했다)

* get better: 더 나아지다

* stinker: 골칫거리

♧ stinky: 악취가 나는, 역겨운

예) Why is it so stinky

(이것은 왜 이렇게 악취가 나지요)

* suspect: 의심하다

Episode 32. One of the best Hanukkahs I've ever had

(영화 로맨틱 홀리데이, The Holiday 중에서)

- One of the best Hanukkahs I've ever had

Arthur: I just have to say, (내가 이 말은 꼭 하고 싶은데)

this is one of the best Hanukkahs I've ever had.

(최고의 하누카 파티야)

Man: Hear, hear. (동감이야)

Miles: I've had too much of the Manischewitz.

(와인을 너무 많이 마셨어요)

I'm gonna have to be cut off.

(그만 마셔야겠어요)

Ernie: We're all cutting you off.

(그만 권할게요)

I take this very seriously,

(그 말 새겨둘게요)

and I'm telling you the truth. (사실이에요)

Arthur: He amazes me. (저 친구 놀라워)

This guy's amazing. (놀라운 친구야)

Don't listen to them. (귀담아 듣지 말게)

They're nuts. (제정신이 아니야)

Miles: Okay, so you're telling me you were not a lady's man.

(좋아요, 그래서 여자를 밝히시지 않았다구요?)

Arthur: Never. I married very young.

(전혀, 난 아주 젊어서 결혼했지)

Ernie: Yes, only because She had the greatest girl in town.

(응 마을에서 가장 예쁜 사람이었어)

He had to marry her to take her off the market.

(누가 손도 못 대게 얼른 데려갔지)

Norman: That's the truth. (사실일세)

MAN: Everyone loved Marion.

(모두가 마리온을 사랑했어)

She had the greatest laugh.

(웃는 모습이 최고였지)

Arthur: What did he say?

(뭐라고 했는데?)

She had the greatest ass?

(엉덩이가 최고라고?)

Iris: Greatest laugh. (웃음이 최고라고)

Norman: Although her ass wasn't so bad, either.

(엉덩이도 나쁘지 않았지)

Arthur: She had real gumption.

(자신만만한 여인이었지)

She was the girl I always wrote.

(항상 내 작품 속의 주인공)

♣ 표현 익히기

* one of the best I've ever had: 내가 경험한 것 중 최고에요

♧ one of 복수명사: 복수명사 중 하나

예) One of them (그것들 중 하나)

* Manischewitz: 레드와인

* cut off: 중단, 차단

예) I'm gonna have to be cut off.

(그만 마셔야겠다)

* amazes me: 나를 놀라게 해요

* nuts: 열광하다, 미치다

예) It drives me nuts: It drives me crazy

(그게 날 미치게 해요)

* gumption: 자신만만한, 상황 대처 능력이 좋은

예) You should show more gumption

(너의 자신만만함을 더 보여줘야 해)

• Intonation(억양)

영어 발음할 때, 억양(Intonation)은 소리의 높낮이 혹은 음조(tone)을 말하는데 우리나라 언어에 비해 영어는 억양이 상당히 발달한 언어다. 일반적으로 높낮이가 거의 없는 한국어에 익숙한 우리는 이러한 억양으로 인한 영어를 듣고 발음 하는데 어려움이 있다.

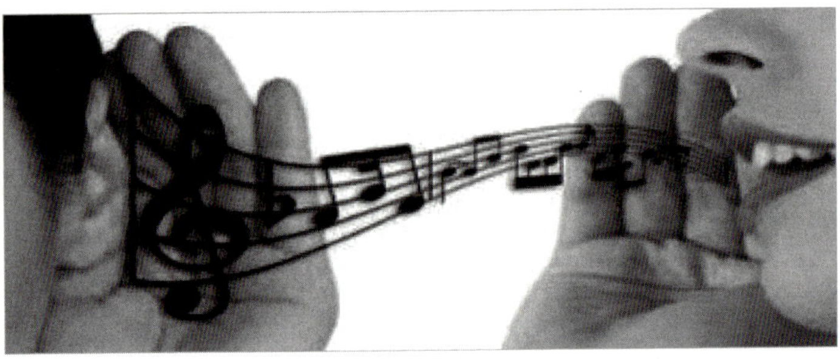

Falling	Really	Thank you
Rising	Really	Thank you
Fall-Rise	Really	Thank you

1) Falling intonation

WH로 시작되는 질문을 할 때, 부가의문문에서 Falling intonation(하강조)을 사용한다.

ex) Sara owns a car, doesn't she?

(사라가 차를 가지고 있지요, 그치요?)

2) Rising intonation

의문사 없는 의문문, 평서문을 의문형으로 나타낼 때 Rising intonation(상승조)을 사용한다.

ex) Rich will pay you back, won't he?

(리치가 갚았지요, 그렇지 않나요?)

3) Rising-falling intonation

보통 비슷한 어구를 열거하는 열거문에 Rising-falling intonation(상승-하강조)을 사용한다.

ex) I like apples, bananas, and peaches.

(나는 사과, 바나나, 그리고 복숭아를 좋아해요)

자~ 유의해서 발음해 볼까요

Her brother came to dinner.

Rich will pay the back, won't he?

I like apples, bananas, and peaches.

Hanukkahs (하누카)

하누카(Hanukkah)는 유대인들이 시리아의 지배에 대항해 반란을 일으키고 예루살렘 성전을 탈환한 것을 기념하면서 시작된 유대교의 중요한 명절이다. 성전을 되찾은 후 유대인들이 이교도의 신상을 치우고 불을 밝혀 신께 성전을 봉헌하는 하누카는 '봉헌절'이라는 의미를 지니며 히브리력의 아홉 번째 달인 키슬레브 25일에 시작해 8일 동안 이어진다. 가지가 아홉 개인 촛대 '하누키아'(hanukkiyah)에 불을 밝히는 것이 가장 중요한 의식이기 때문에 하누카는 '빛의 축제'라고도 한다.

하누카 기간에는 매일 아침 유대교회당에서 예배가 열리고 특별히 '기적들을 위해서'라는 의미의 알 하니심(Al Hanisim)과 하느님을 향한 찬송의 시 할렐(Hallel)을 낭독하며 화려하고 거창한 행사를 벌이는 대신 가족들끼리 모여 식사를 하고 선물을 주고 받으며 촛대에 불을 밝혀 창가에 놓아둔다.

하누카에는 전통적으로 기름의 중요성을 되새기는 의미에서 기름을 많이 사용한 음식을 먹는데, 이날 사람들은 한국의 부침개 같은 음식으로 '라트키'(Latkes)라는 감자 요리를 먹는다. 아시케나지 유대인들은 이 감자전을 '파스푸세'(fasputshes) 또는 '퐁시케'(pontshkes)라고 부르고, 이스라엘에서는 '레비보트'(levivot)라고 부르며, 감자전 외에도 기름에 튀기는 도넛 '수프가니오트'(Sufganiyot)를 만들어 먹는다.

• Winter Wonderland

– Bing Crosby –

Sleigh bells ring, are you listening
들리니? 썰매가 오고 있나봐
In the lane, snow is glistening
도로에 쌓인 눈들이 반짝거리고 있어
A beautiful sight, we're happy tonight
아름다운 광경, 오늘밤 우리 모두 행복하지
Walking in a winter wonderland
겨울동화속을 걸으면서 말이야

Gone away is the bluebird
파랑새가 날아가 버렸어
Here to stay is a new bird
그러곤 새로운 새가 날아 들어와선
He sings a love song as we go along
우리와 함께 하며 사랑스러운 노래를 부르지
Walking in a winter wonderland
겨울동화속을 걸으면서 말이야

In the meadow, we can build a snowman
우린 들판에서 눈사람을 만들고

Then pretend that he is Parson Brown

그를 Parson Brown이라 부르겠지

He'll say, "Are you married?" We'll say, "No man"

그는 우리에게 "결혼했나요?"라며 물어볼테고 우린 "아니"라 대답할거야

But you can do the job when you're in town

하지만 마을로 돌아가면 할 수 있지 않을까?

Later on, we'll conspire

나중에는 계획도 짤거야

As we dream by the fire

난로 옆에서 상상하며

To face unafraid, the plans that we've made

우리가 만든 그 계획에 두려움없이 맞이하는 그런 상상

Walking in a winter wonderland

겨울동화속을 걸으면서 말이야

Sleigh bells ring, are you listening

들리니? 썰매가 오고 있나봐

In the lane, snow is glistening

도로에 쌓인 눈들이 반짝거리고 있어

A beautiful sight, we're happy tonight

아름다운 광경, 오늘밤 우리 모두 행복하지

Walking in a winter wonderland

겨울동화속을 걸으면서 말이야

Gone away is the bluebird

파랑새가 날아가 버렸어

Here to stay is a new bird

그러곤 새로운 새가 날아 들어와선

He sings a love song as we go along

우리와 함께 하며 사랑스러운 노래를 부르지

Walking in a winter wonderland

겨울동화속을 걸으면서 말이야

In the meadow, we can build a snowman

우린 들판에서 눈사람을 만들고

And pretend that he's a circus clown

그를 광대라 칭할거야

We'll have lots of fun with Mr. Snowman

그 광대와 함께 즐거운 시간을 보낼거지

Yes, until the other kiddies knock him down

맞아, 다른 아이들이 그 광대를 부셔버리기 전까지 말이야

Later on, we'll conspire

나중에는 계획도 짤거야

As we dream by the fire

난로 옆에서 상상하며

To face unafraid, the plans that we've made

우리가 만든 그 계획에 두려움없이 맞이하는 그런 상상

Walking in a winter wonderland

겨울동화속을 걸으면서 말이야

Walking in a winter wonderland

겨울동화속을 걸으면서 말이야

12 To the Bride and Groom!

Key expression

I therefore proclaim that they are husband and wife.
(그러므로 나는 이들이 부부임을 선언합니다)
My best friend has won the best woman.
(나의 최고의 친구는 최고의 여자를 얻었어요)
You were the first girl I ever loved.
(당신은 내가 사랑한 첫 번째 여자였어요)

- American Wedding

♣ Something old, new, borrowed and blue

미국에서는 '오래된 것, 새로운 것, 빌린 것, 파랑색인 것'을 신부가 지니고 결혼식을 치르면 복이 온다는 풍습이 있다.

♣ Propose ring(프로포즈 링)과 Wedding band(웨딩밴드)

프로포즈할 때는 준비하는 반지를 프로포즈 링(Propose Ring)이라고 하고 일반적으로 다이아몬드 반지를 준비한다.

결혼반지는 웨딩밴드(Wedding band)라고 하며 보통 금반지를 준비한다고 한다.

♣ Bridesmaid(신부 들러리)와 groomsman(신랑 들러리)

신부와 신랑 들러리는 가장 친한 친구들이 보통 맡게 되는데 이들은 신랑, 신부와 함께 결혼식에 필요한 모든 것을 계획하고 준비하는 일을 한다.

♣ Wedding registry(웨딩 레지스트리)

웨딩 레지스트리는 축의금을 대신하는 미국의 결혼선물 문화이다.

웨딩 레지스트리란 예비 신랑신부가 새로운 살림을 꾸리면서 필요한 물품들을 담아놓은 장바구니이며, 주방용품 가게, 전자기기 가게, 대형마트 등 다양한 곳에서 웨딩 레지스트리를 만든다. 특별한 물품이 아닌 신혼 살림살이에 필요한 다양한 가재도구들인데 예비 신랑신부가 알려준 웨딩 레지스트리 사이트에 접속하여 지인이 선물해주고 싶은 물품을 골라 결제를 하면, 업체측에서 예비 신랑신부에게 물건을 배송해주는 시스템이다.

♣ Wedding invitation(결혼 초대장)

결혼 초대장 안에는 식장 주소, 근처 호텔 정보, RSVP 그리고 회신용 봉투 1개가 들어있다.

미국 결혼 초대장에는 언제나 RSVP카드가 들어있는데 꼭 참석 여부와 몇 명이 참석할지 체크해서 동봉된 회신용 봉투에 넣어서 결혼식 1달 전까지는 답신해야 한다.

RSVP란 Respond, Please (답신주세요)란 의미의 프랑스어의 약자인데 초대받았을 때 참석 여부를 알려달라는 뜻이다.

Episode 33. I therefore proclaim that they are husband and wife

(영화 러브 액츄얼리, Love Actually 중에서)

- I therefore proclaim that they are husband and wife

Father: In the presence of God,

(하느님 앞에서)

Peter and Juliet have given their consent

(피터와 줄리엣은 서로 동의했고)

and made their marriage vows to each other.

(서로 결혼 서약을 했습니다)

They declared their marriage by the giving and receiving of rings. (반지를 주고받음으로써 결혼을 선언했습니다)

I therefore proclaim that they are husband and wife.

(그러므로 나는 이들이 부부임을 선언합니다)

Peter: And you resisted the temptation for surprises.

(놀라게 해주고 싶은걸 어떻게 참았지?)

Mark: Yeah, I'm mature now.

(나도 이제 어른이거든)

(song) ♪ Love, love, love ♪ Love, love, love ♪

Love, love, love... ♪

Juliet: Did you do this?

Peter: Er, no.

(song) ♪ Love, love, love, love ♪

There's nothing you can do that can't be done ♪

(당신이 할 수 없는 일은 아무것도 없어)

Nothing you can sing that can't be sung

(당신이 네가 할 수 없는 노래는 아무것도 없어)

Nothing you can say,

(당신이 네가 할 수 있는 말은 없지만)

but you can learn how to play the game

(게임하는 법은 배울 수 있어)

It's easy

(어렵지 않아)

Nothing you can make that can't be made

(당신이 만들 수 없는 것은 아무것도 없어)

No one you can save that can't be saved

(당신이 구할 수 없는 사람은 아무도 없어)

Nothing you can do,

(당신이 할 수 있는 일은 없지만)

but you can learn how to be you in time

(어떻게 제 때에 당신이 되는지 배울 수 있어)

It's easy

(어렵지 않아)

All you need is love

(당신에게 필요한건 사랑이야)

All you need is love
(당신에게 필요한건 사랑이야)
All you need is love, love
(당신에게 필요한건 사랑이야)
Love is all you need
(당신에게 필요한건 사랑이 전부야)

♣ 표현 익히기

* in the presence of: ~ 앞에서, ~의 입회하에
* consent: 동의
* marriage vows: 결혼 서약
  ♧ break the marriage vows: 결혼서약을 깨다
* declared: 선언하다, 분명하게 말하다
* giving and receiving: 주고 받음
* proclaim: 선언하다
* resisted the temptation: 유혹을 물리치다
* mature: 성숙한, 어른이 된
* how to: ~하는 법
* save: 구하다
  예) Save me (살려주세요)

* all you needed is: 네가 필요한건 ~이다

♧ all you needed is + 명사: 네가 필요한건 [명사]이다

예) all you need is some money.

(네가 필요한 것은 약간의 돈이다)

Episode 34. My best friend has won the best woman

(영화 내 남자 친구의 결혼식. My best friend's wedding 중에서)

- My best friend has won the best woman

Friend: Raise your glasses and

(자 모두 잔을 드세요)

wish Michael and Kim every happiness

(마이클과 킴의 행복을 빌고)

for a long and happy life together filled with happiness.

(행복으로 가득 찬 길고 행복한 삶을 위해.)

Well, I guess that's it!

(여기까지입니다)

Guest: To the bride and groom!

(신랑 신부를 위하여!)

Friend: Now, let's hear from the maid of honor, the lovely Julian(자, 신부 들러리, 사랑스러운 줄리안의 축하 한마디 들어봅시다)

Julian: I had the strangest dream.

(저는 이상한 꿈을 꾸었습니다)

I dreamt that some psychopath was trying to break the two of you up.

(어떤 사이코패스가 당신 둘을 갈라놓으려고 애쓰는 꿈이었어요)

Luckily, I woke up, and I see that the world is just as it should be.

(다행히 내가 깨어 보니, 세상은 있어야 할 자리에 있었어요)

For my best friend... has won the best woman.

(나의 최고의 친구는 최고의 여자를 얻었어요)

Um... I didn't get you a gift.

(음... 선물을 준비 못했어요)

However, this is on loan...

(내가 대신하는 거예요)

Until you two find your song.

(신랑 신부가 노래 고를 때까지)

♣ 표현 익히기

* filled with happiness: 행복으로 가득 찬

  - be filled with ~로 가득찬

* bride: 신부

* groom: 신랑

* let's hear: 청해 듣자

* the maid of honor: 신부 들러리

  ♧ groomsman: 신랑 들러리

* psychopath: 폭력성을 동반하는 이상 심리 소유자

* break up: 헤어지다, 관계가 깨지다

* won: 얻다, 차지하다, 이기다

* on loan: 빌리다, 대출하다

  ♧ this is loan: 이건 내가 책임질께, 이건 내가 대신할께

Episode 35. You were the first girl I ever loved

(영화 맘마미아, Mama Mia 중에서)

- You were the first girl I ever loved

Father: Welcome to Sophie and Sky,

and to all your friends

who have gathered together this evening.

(Sophie와 Sky 그리고 오늘 저녁에 함께 한 모든 친구들을 환영합니다)

And welcome, especially, to Donna,

who represents your family.

(그리고 특히 당신의 가족을 대표하는 도나를 환영합니다)

We are all here together in this glorious...

(우리가 모두 이 영광스런 자리에 함께 있고)

Donna: And welcome to...

To Sophie's dad.

(그리고 소피 아빠를 환영합니다)

I have to tell you. He is here.

(그가 여기에 온 것을 말해야 할 것 같아서)

Sophie: I know. I invited him.

(맞아요, 제가 초대했어요)

Donna: You couldn't have.

(그럴 수 없었을 텐데)

I don't know which one it is.

(나도 누군지 모르거든)

Oh, my God. (오 어쩌지)

That's why they're all here!

(그래서 여기에 다 와 계시구나)

Sophie: I'm sorry. Sorry. I just...

(죄송해요)

Please, please forgive me!

(용서해 주세요)

Please forgive me. Please.

(용서해 주세요)

Donna: I don't know.

(모르겠어요)

Can you forgive me?

(날 용서해주겠니?)

Sophie: What? (뭐라구요?)

I don't care if you slept with hundreds of men.

(엄마가 수백명의 남자들이랑 잤다고 해도 상관없어요)

You're my mom, and I love you so much.

(내 엄마니까 그리고 내가 너무 사랑하기 때문에)

Donna: Oh, Soph. (소피야)

And I haven't slept with hundreds of men.

(그리고 난 수백명의 남자와 자지 않았어)

Sam: Am I getting this right?

(내가 제대로 하고 있는 건지요?)

Sophie may be mine,

(소피는 아마 내 딸일 수도 있어요)

but she may be Bill's or Harry's?

(그런데 빌의 딸일 수도 해리의 딸일 수도 있지요)

Donna: Yeah, yeah. That's right.

(예, 맞아요)

And don't get all self-righteous with me,

(그리고 나한테 너무 독선적으로 굴지 마세요)

because you have no one but yourself to blame.

(왜냐면 자기 자신 말고는 누구도 비난할 수 없기 때문이다)

Sophie: Yeah, if you hadn't just dumped my mother

(그래요, 우리 엄마를 그냥 차버리지 않았다면)

and gone off and married somebody else...

(다른 사람과 결혼해서 떠나지만 않았다면)

Sam: Hey, hey, wait a minute!

(이봐요, 잠깐만요)

I had to go home. I was engaged.

(나는 집에 가야만 했어요, 약혼 상태였거든요)

But I told Lorraine I couldn't marry her,

(그러나 로렌에게 내가 결혼할 수 없다고 말하고)

and I came right back.

(바로 돌아왔어요)

Donna: You... You...

(당신)

Why didn't you call me?

(왜 연락 안했어요?)

Sam: Because I was crazy enough to think that you would be waiting for me.

(당신이 날 기다리고 있을 거라고 생각할 만큼 내가 미쳤었기 때문이지)

Only when I arrived, they told me you were off with some other guy.

(내가 도착했을 때 다른 남자랑 떠났다고 했어요)

♣ 표현 익히기

* gather together: 함께 모이다

* represent: 대표하다

* glorious: 영광스러운

* forgive: 용서하다

* don't care: 상관하지 않다

* may be: 만일 ~라면

♧ may be와 maybe의 쓰임

1) may be: ~일지도 모른다

may는 조동사로 뒤에 동사 원형이 와서 ~일수도 있다.

예) There may be 12 colors.

(12개의 색이 있을지도 몰라)

2) maybe: 아마도

부사로 가능성이 있음을 나타낼 때 사용하며 비슷하지만 보다 격식 있는 표현으로는 perhaps가 있다.

예) I have 13 colors, maybe 15.

(나 13개 색 아마도 15개 색을 가지고 있어)

* self-righteous: 독선적인

* blame: 비난하다, ~를 탓하다.

예) I don't blame you.

(당신을 원망하지 않아요)

* dump: 버리다

* go off: 떠나다

♧ go off on someone: ~에게 버럭 화를 내다.

예) How do you go off on me?

(어떻게 나에게 버럭 화를 낼 수 있어?)

* be engaged: 약혼하다

* be crazy to do: ~하고 싶어서 못 견디다

● 내용어(Content Words)와 기능어(Function Words)

문장에서 중요한 위치를 차지하는 단어를 내용어(Content Words)라고 하고 덜 중요한 단어를 기능어(Function Words)라고 한다.

다시 말해서, 내용어에는 명사, 본동사, 형용사, 부사 등이 있다.
기능어에는 인칭 대명사, 전치사, 관사, 접속사, 조동사, be동사 등이 있다.
내용어는 문장에서 차지하는 비중이 크기 때문에 강하고 크게 발음한다.

다음의 문장에서 내용어와 기능어를 구분해 발음해 보자

1) I LOST my BAG.

2) Did you TAKE your FINAL EXAM?

자~ 유의해서 발음해 볼까요

Go and tell it to Tom

It is difficult to find your name.

Could you assign the new student?

Wedding bouquet (결혼 부케)

부케는 라틴어로 '작은 숲'이라는 뜻의 'bosquet'라는 단어에서 나왔는데, 프랑스어로는 다발 또는 묶음(bouquet)이라는 뜻으로 불리게 됐다

웨딩 부케의 유래는 기원전 3000년경 이집트에서 시작되었다. 고대 왕들이 권력을 과시하기 위해 풍요를 상징하는 곡물 다발을 부케로 사용했던 것이 중세 이후부터는 곡물 대신 꽃을 재료로 하여 부케를 만들어 사용했다. 유럽에서는 흑사병이나 전염병으로 많은 사람이 죽게 되는 일들이 있었는데 그래서 작은 약초 다발을 몸에 지니고 다녔다. 그 시기 결혼식에서는 그래서 곡물 대신 약초나 허브 다발을 만들어 부케로 사용하다가 나중에는 꽃으로 바뀌기 시작했다. 또한 프랑스에서는 다산을 의미하는 곡물을 신랑이 신부에게 엮어 주고 곡물 다발을 들고 결혼식을 하던 풍습이 있었다.

곡물 다발을 부케로 사용하던 시절에는 결혼식이 끝날 즈음 하객들이 신부의 머리 위로 곡물 알갱이를 던져 풍요로움과 다산을 기원했다.

신부가 자신의 행복과 행운을 다른 사람에게도 나누어 준다는 의미로 결혼식 말미에 부케를 던지는 관행은 영국에서 유래했다고 한다. 일찍이 서양에서는 불운을 피하기 위해 소금을 뒤로 던지는 풍습이 있었는데, 부케를 뒤로 던지는 풍습도 여기서 비롯되었다고 한다.

• Hawaiian Wedding Song

– Andy Williams –

This is the moment I've waited for.

내가 기다려온 이 순간이야.

I can hear my heart singing,

내 심장이 노래하는 소리를 들을 수 있지.

soon bells will be ringing.

곧 종소리들이 울리겠지.

This is the moment of sweet aloha.

감미로운 사랑인사를 할 순간이야.

I will love you longer than forever,

난 영원보다도 더 오래 당신을 사랑할 거야,

promise me that you will leave me never.

당신이 날 절대 떠나지 않겠다고 약속해줘.

Here and now, dear,

지금 이 순간,

all my love I vow, dear,

내 사랑 그대, 나는 내 모든 사랑을 맹세해,

promise me that you will leave me never.

날 절대 떠나지 않겠다고 약속해줘.

I will love you longer than forever.

나는 당신을 영원보다도 더 오래 당신을 사랑할 거야.

Now that we are one.

이제 우리는 하나야,

Clouds won't hide the sun.

구름이 태양을 가리지 않을 거야.

Blue skies of Hawaii smile on this, our wedding day.

우리가 결혼하는 오늘, 하와이의 푸른 하늘이 미소 짓고 있어.

I do (I do) love you (love you) with all my heart.

나는 온 마음 다 바쳐 진심으로 당신을 사랑해.